Ralf-Peter Märtin
Pontius Pilatus

SERIE PIPER
Band 889

*Zu diesem Buch*

Über die Amtszeit des römischen Präfekten von Judäa, Pontius Pilatus, berichten die antiken Autoren Flavius Josephus, Philo von Alexandrien und, mit einem einzigen lapidaren Satz, Cornelius Tacitus. Der im Neuen Testament ausführlich dargestellte Prozeß Jesu kommt in den historischen Quellen nicht vor. In der Schilderung des Verhaltens und Charakters des Pilatus gelangen geschichtliche Überlieferung und Neues Testament zu unterschiedlichen Schlüssen. Warum das so ist, zeigt dieses Buch.

Im ersten Teil, gestützt auf die historischen Quellen, werden Pilatus und sein Umfeld vorgeführt: Rom, der Kaiserhof des Tiberius, Judäa und die Rolle, die Pilatus dort spielte.

Der zweite Teil, in der Form des inneren Monologs abgefaßt, stellt den Richter Jesu so dar, wie ihn die Evangelien sahen, die nicht Geschichte schreiben, sondern das Heil verkünden wollten.

Die bisherigen Abhandlungen über Pontius Pilatus haben versucht, sämtliche Quellen, sowohl die christlichen wie auch die jüdischen, in eine Gesamtdarstellung des Präfekten einzubringen. Das konnte nicht gelingen, denn der Pilatus der Evangelien, der Richter Jesu, hat mit dem Pilatus der jüdischen Quellen, dem Römer und Ritter, nur den Namen gemeinsam. Was also lag näher, als das Unvereinbare als wenig nützlich aufzugeben und statt dessen die Figur des Präfekten in ihrer überkommenen Dualität zu belassen?

*Ralf-Peter Märtin,* geboren 1951 in Eisenach, Studium der Germanistik und Geschichte, 1982 Promotion, arbeitet in einem Münchner Verlag. Veröffentlichungen u. a.: »Dracula – Das Leben des Fürsten Vlad Tepes« (Berlin 1980), »Wunschpotentiale. Geschichte und Gesellschaft in Abenteuerromanen« (Königstein/Ts. 1983).

Ralf-Peter Märtin

# PONTIUS PILATUS

Römer
Ritter
Richter

Piper
München Zürich

Von Ralf-Peter Märtin
liegt in der Serie Piper außerdem vor:
(Hrsg.) Lust am Reisen (650)

ISBN 3-492-10889-X
Originalausgabe
März 1989

Umschlag: Federico Luci,
unter Verwendung des Gemäldes »Ecce homo« von
Tizian (Institut für Kunstgeschichte, München)
Foto Umschlagrückseite: Rosemarie Sielaff
Gesamtherstellung: Clausen & Bosse, Leck
Printed in Germany

*Der Mensch kann von den Dingen keine ganze*
*und vollkommene Gewißheit erlangen.*

Antonio Escobar y Mendoza

# Inhalt

# Vorwort

Zu der Zeit, in der unsere Geschichte spielt, 26 bis 36 n. Chr., gliederte sich das Römische Reich in 34 Provinzen, jeweils verwaltet von einem Statthalter. Als Präfekt von Judäa war Pontius Pilatus einer von ihnen, ein hoher Verwaltungsbeamter mit weitreichenden Vollmachten, handelnd an des Kaisers Statt, unzweifelhaft den obersten Rängen der Hierarchie des Reiches zugehörig.

Dennoch – und obwohl er, im Gegensatz zu vielen seiner Amtskollegen, immerhin Lokalgeschichte gemacht hat – wäre er nie aus dem sanften Dämmerlicht der wissenschaftlichen Fachpublizistik herausgetreten, hätte ihn nicht die Kreuzigung des Jesus von Nazareth hineingerückt in einen welt- und heilsgeschichtlichen Zusammenhang, der den, sagen wir es offen, mittelmäßigen Beamten geraden Weges in die Unsterblichkeit beförderte.

Aber selbst seine entscheidende Rolle bei der Passion Christi hätte ihm vielleicht nicht mehr als die bloße Aufnahme ins Credo eingebracht, wären nicht zwei Problemkreise mit seiner Person verknüpft, ein religionsgeschichtlicher und ein psychologischer, die seit 2000 Jahren nicht aufgehört haben, die abendländische Menschheit zu beschäftigen.

Beginnen wir mit dem religionsgeschichtlichen, der Frage, wer denn eigentlich schuld sei an Jesu Tod. Heute hat ihre Beantwortung rein akademischen Charakter, in den vergangenen Jahrhunderten freilich, die mit stupender Regelmäßigkeit die Schuld den Juden zuschoben, lieferte sie die wohlfeile Begründung für manchen Pogrom. Schließlich, so die Darstellung in den Evangelien, waren es die Juden, die Jesus verhafteten, anklagten und dem sich sträubenden Pilatus das Todesurteil gleichsam abzwangen.

Diese Sicht der Dinge ist öfter kritisiert worden. Man hat darauf hingewiesen, daß so, wie die Evangelien den Ablauf der Ereignisse schildern, er keinesfalls gewesen sein könne: Weder entspreche der Prozeß vor dem Hohen Rat jüdischen Rechtsvorschriften, noch sei es denkbar, daß es eine Amnestieregelung gegeben habe, wie sie Pilatus auf Jesus anwenden wollte. Weiter sei es unwahrscheinlich, daß der römische Statthalter sich eines jüdischen Rituals, der Handwaschung, bedient habe, um sich symbolisch von der Schuld am Tode Jesu zu entlasten. Wahrhaft lächerlich aber sei es, sich vorzustellen, daß der Vertreter des Kaisers mit Ecce-homo-Rufen das Volk um Begnadigung des Angeklagten gebeten habe.

Sicher ist, daß die synoptischen Evangelien, gegen Ende des 1. Jahrhunderts abgefaßt, durchaus mit antijüdischer Tendenz geschrieben sind. Sie entstanden in einer Phase, in der sich jüdische Synagoge und christliche Gemeinde in einem ausgesprochenen Konkurrenzverhältnis befanden. Nahmen die einen in dieser Zeit die Verfluchung der Christen in das Achtzehnbittengebet auf, so waren die anderen davon überzeugt, das neue Gottesvolk zu sein. Die Juden jedenfalls hätten versagt, zuletzt bei der Hinrichtung Jesu, und die Zerstörung ihres berühmten Tempels durch den römischen Feldherrn Titus im Jahre 70 sei der sichtbare Ausdruck des göttlichen Zorns gewesen.

Angesichts dieser Befangenheit der Evangelien hat es nicht wenige Versuche gegeben, die Alleinschuld am

Tode Jesu den Römern aufzubürden. Der zu diesem Zweck aufgewandte Scharfsinn krankt indes daran, daß er zwar ein Bild davon übermittelt, wie es gewesen sein soll, aber nicht den Beweis antritt, daß es wirklich so gewesen ist. Aufgrund der dürftigen Quellenlage ist das auch nicht möglich.

Es ist auch nicht nötig, denn wenn der jüdisch-christliche Dialog wirklich dieser Entlastung bedürfte, wäre es schlecht um ihn bestellt. Der Leser wird es bemerkt haben: Ich halte die Frage nach der Schuld am Tode Jesu in der Tat für überholt und überflüssig.

Ganz anders verhält es sich mit dem zweiten Problemkreis, dem psychologischen. Was die Verfasser der Evangelien mit der Person des Pilatus geschaffen haben, ist nichts weniger als eine paradigmatische Figur von zeitloser Aktualität: ein Mensch, dem die Dinge außer Kontrolle geraten, der zu spontan reagiert, mühsam improvisiert, es mit einem System von Aushilfen versucht, der aber, verstrickt in seine selbstgeschaffenen Abhängigkeiten, scheitert.

War das der historische Pilatus? Handelte so ein römischer Politiker, der durch die hohe Schule der Legionen gegangen war und Durchsetzungskraft und Härte doch wohl verinnerlicht haben mußte? Die Frage stellte sich erst später. Der urchristlichen Gemeinde war der Sachverhalt klar. Der Statthalter wurde schließlich nicht mit irgendwem, sondern mit Gottes Sohn konfrontiert. Wie hätte ihn das unbeeindruckt lassen sollen?

Jeder, der die Passionsgeschichte in den Evangelien nachliest, leidet unter der nämlichen Schwierigkeit: Man erfährt, was sich ereignet, weiß aber nicht, warum. Nur in seltenen Fällen bemühen sich die Verfasser um die psychologischen und sachlichen Erklärungen, deren es zum Verständnis der geschilderten Vorgänge bedürfte, und oft erscheinen die Handlungen des Pilatus so widersinnig, daß man vollends geneigt ist, das ganze Geschehen außerhalb der Gesetze der Logik anzusiedeln.

Ich behaupte: Es gibt eine innere Übereinstimmung aller vier Evangelien – trotz ihrer unterschiedlichen Entstehungszeit – in der Frage des Charakters des Pilatus. Dementsprechend lassen sich die im Matthäus-, Markus-, Lukas- und Johannesevangelium überlieferten Pilatusstellen ordnen. Die Aufgabe besteht darin, eine Charakterdisposition zu entwickeln, die fähig ist, dem Ablauf der Ereignisse psychologisch und sachlich Sinn zu geben.

Das Ergebnis meiner Bemühungen ist der zweite Teil dieses Buches, der »Richter«. Gemäß der subjektiven Vorgehensweise ist er in der Form eines inneren Monologs des Pilatus abgefaßt. Die Handlungszeit ist auf einen Tag zusammengedrängt, eben jenen, an dem sich die Passion Christi zutrug.

Dem »Richter« vorangestellt und damit der erste Teil des Buches ist der »Römer und Ritter«. In ihm werden Pilatus und sein historisches Umfeld vorgeführt, Rom, der Kaiserhof des Tiberius, sein Stand, dann seine Rolle als »Lokalpolitiker«, wie ihn uns Flavius Josephus, der Historiker, und Philo von Alexandrien, der Philosoph, geschildert haben. Diese bedeutendsten jüdischen Schriftsteller des 1. Jahrhunderts sind die einzigen, die die Amtszeit des Pilatus ausführlich abhandeln. Bezeichnenderweise hat ihn die römische Geschichtsschreibung, sieht man von einem einzigen Satz bei Tacitus ab (Tac., Ann. XV 44), vollständig ignoriert.

Flavius Josephus, der im jüdischen Aufstand die galiläische Festung Jotapata gegen die Römer verteidigte und sich 67 Vespasian ergab, hat uns in den *Jüdischen Altertümern* und im *Jüdischen Krieg* ein genaues Bild

Judäas im 1. Jahrhundert vermittelt. Interessanterweise werden weder bei ihm noch in anderen jüdischen Quellen Jesus und der gegen ihn geführte Prozeß erwähnt (die berühmte Stelle in den *Jüdischen Altertümern* XVIII 3,3 wurde von einem christlichen Redakteur nachträglich eingefügt). Die Schlußfolgerung, daß die Zeitgenossen, so sie nicht Anhänger Christi waren, die Hinrichtung eines falschen Propheten oder eines politischen Unruhestifters nicht besonders berichtenswert fanden, liegt nahe. Insofern folge ich im ersten Teil der Interpretation von Anatole France, der seinen längst pensionierten Pilatus auf eine dementsprechende Frage antworten läßt: »Jesus? Jesus, der Nazaräer? Nie gehört.«

Für die Zeit vor und nach Pilatus' Präfektenamt sind wir vollkommen auf Spekulationen angewiesen. Quellen über seine Jugend und sein Alter existieren nicht. Die Ämterlaufbahn des Pilatus bis 26, wie sie andeutungsweise in beiden Teilen des Buches erscheint, ist also nicht authentisch, sondern von mir konstruiert, allerdings so, wie sie für einen römischen Ritter denkbar gewesen wäre.

Offengelassen habe ich die vieldiskutierte Frage, ob denn Pilatus ein Parteigänger des Prätorianerpräfekten Sejan gewesen sei oder nicht. Wie so viele Fragen läßt sich auch diese nach den Quellen nicht beantworten. Die als positiver Beleg gern angeführte Stelle in der Kirchengeschichte des Eusebios von Cäsarea (II 5,7) ist nachweislich untauglich, kombiniert sie doch zwei bei Philo getrennte Textstellen zu einem neuen Sinnzusammenhang. In meiner Darstellung lasse ich Pilatus dort Parteigänger des Sejan sein, wo der Ablauf der Ereignisse dieses nahezulegen scheint, im »Richter«, wohingegen im »Römer und Ritter« eine Verbindung Pilatus – Sejan nicht hergestellt wird.

Die bisherigen Abhandlungen über Pontius Pilatus haben versucht, sämtliche Quellen, sowohl die christlichen als auch die jüdischen, in eine Gesamtdarstellung einzubringen. Das konnte nicht gelingen, denn der Pilatus der Evangelien, der Richter Jesu, hat mit dem Pilatus der jüdischen Quellen, dem Römer und Ritter, nur den Namen gemein. Flavius Josephus, als Freigelassener des Vespasian vorsichtiger im Urteil, hauptsächlich aber Philo von Alexandrien haben an dem Präfekten vieles auszusetzen, vor allem dies, daß er es nie für wichtig hielt, die Eigenarten Judäas, speziell die jüdische Religion, zu berücksichtigen. Dabei bringt Josephus dem Statthalter mehr Verständnis entgegen als Philo, der ihn gnadenlos als korruptes und brutales Scheusal zeichnet. Diesen Pilatus und seine zehnjährige Amtszeit kennen die Evangelisten nicht, da sie ausschließlich auf die Person Jesu bezogen sind, nicht Geschichte schreiben, sondern das Heil verkünden wollen.

Was also lag näher, als das Unvereinbare als wenig nützlich aufzugeben und statt dessen die Figur des Präfekten in ihrer überkommenen Dualität zu belassen?

# Der Römer und Ritter

# Rom I

Einzigartig war die Stadt. Die Krone der Welt, der Nabel des Erdkreises. Breit hingelagert am Ufer des Tiber krochen die Mietskasernen und Prachtbauten die sieben Hügel hinauf, bedeckten sie ganz und wucherten weiter.

In seinem Rechenschaftsbericht, in dem der nunmehr göttliche Augustus seinen Taten rühmte, hatte er's geschrieben: Verwandelt habe er Rom; aus einer Lehmstadt habe er eine marmorne geschaffen (Suet., Aug. 28).

Der Baulust, die schon den gleichfalls vergöttlichten Julius Cäsar auszeichnete, hatte er sich mit Genuß und beeindruckendem Erfolg, von seinem Jugendfreund Agrippa nachdrücklich unterstützt, ergeben. Capitol und Palatin, das Forum Julium und sein eigenes, das augusteische, das Marsfeld wie das Theater des Marcellus kündeten von dem Bemühen, Rom wetteifern zu lassen mit den schönsten Städten der Ökumene.

Und wirklich war ihm das im innern Kern der Stadt geglückt. Mit mächtigem Pronaos, ehrfurchtgebietend, lag der Tempel des höchsten Staatsgottes, des Jupiter, auf dem capitolinischen Hügel; daneben, auf dem Palatin, erstreckte sich der kaiserliche Palast. In den Schatten gestellt war der alte Versammlungsort der Bürgerschaft, das Forum Romanum. Die neuangelegten Kaiserforen übertrafen es an Ausdehnung und Pracht bei weitem.

Da Capitol und Palatin in fester Hand, blieb der römischen Aristokratie, den Senatoren und den reichen Rittern, nur übrig, den Nachbarhügel zu besetzen. Der Esquilin beherbergte ihre Villen und Paläste; wer's kleiner und bescheidener nur wollte, ließ sich an seinem Rand im Viertel der Carinae nieder. Pompejus, Drusus, selbst Tiberius hatten hier zu wohnen nicht verschmäht.

Das Quartier gewährte einen weiteren Vorteil, grenzte es doch an die Subura, wo sich die Demimonde ein Stelldichein zu geben pflegte. Wer Anschluß, gleich welchen Geschlechts, suchte, hier fand er ihn und einen passablen Wein zum guten Essen in einer der tausend Schänken auch. Die Nacht war eigentlich die beste Tageszeit des Viertels, das noch dem ausgefallensten Geschmack Befriedigung verhieß. Der Sog der Subura war groß, und mancher vielversprechende Jüngling zog ihre Verlockungen der staatlichen Karriere vor.

Fünf Straßen weiter ging es geordneter zu. Im tuscischen und argiletischen Viertel blühten Handel und Gewerbe, und jede Weltgegend bemühte sich, ihre Produkte anzuliefern. Kein Fisch, kein Obst, kein Vogel war so ungewöhnlich, daß ihn zu kosten dem verwöhnten Römergaumen nicht gelang. Salben, Weihrauch und Gewürze, kostbare Seidenstoffe, Sand vom Nil... Für den, der zahlen konnte, lag hier die ganze Fülle der bewohnten Welt bereit.

In Rom sein, das war Leben. Die Millionenstadt drängte ihre Bewohner zusammen in der qualvollen Enge ihrer Straßenschluchten. Gut, es gab Gärten auf dem Quirinal, die, einst von Sallustius angelegt, nunmehr dem ganzen Volke offenstanden, und rechts des Tiber auf dem Hügel des Janiculus erstreckten sich die großzügig bemessenen Gärten Cäsars; im überwiegenden Teil der Stadt jedoch, auf Viminalis, Caelius und Aventin war jeder Quadratfuß Boden ausgenutzt. Den knapp 2000 *domus*, städtischen Villen der Aristokraten, standen 50000 *insulae* gegenüber, Mietskasernen, 21 Meter hoch, in sieben Stockwerke geteilt und durch geringen Zwischenraum geschieden voneinander. Man sparte an allem, billigte den Außenmauern höchstens 45 Zentimeter Dicke zu, berechnete die tragenden Balken derart schwach, daß die Gefahr des Einsturzes, zumal bei den häufigen Überschwemmungen des Tiber, beständig drohte.

Das Wohnen in den *insulae* war überdies so komfortabel nicht. Zwar war das Aquäduktsystem der Stadt berühmt, das über Hunderte von Kilometern das reine Wasser zu den Römern führte, doch gab es fließend Wasser allenfalls im Erdgeschoß der Häuser, wo eine Zapfstelle allen Mietern zur Verfügung stand.

Die Notdurft verrichtete man in Töpfe, die man am Morgen, so man ordentlich, in eigens zu diesem Zwecke an den Treppenabsätzen aufgestellte Behältnisse entleerte; der Rücksichtslose aber, diese Mühe scheuend, goß den Inhalt seines Hafens einfach aus dem Fenster. Die vielgerühmte Kanalisation der Hauptstadt beseitigte nur das Regenwasser, die Abwässer der allerdings zahlreichen öffentlichen Gebäude und einiger Privathäuser. Der Löwenanteil der sonstigen Abfälle und Fäkalien wurde in Senkgruben und auf Müllplätzen im Stadtgebiet oder an dessen Rand deponiert.

Zum Kochen und zum Heizen bediente man sich der Kohlenpfanne. Die Brandgefahr wurde dadurch sehr erhöht. Glasfenster sich zu leisten waren nur die reichen Aristokraten imstande, die Bewohner der *insulae* benutzten Holzläden.

Die mächtigen Wohnblocks standen an Straßen, die diesen Namen kaum verdienten. Nur zwei davon, die Via Tuscus und die Via Jugarius, waren mit 4,5 bzw. 5,5 Metern breit genug, zwei Wagen nebeneinander Raum zu bieten, die übrigen teilten sich in *actus*, die knapp das Passieren eines Wagens ermöglichten, und eine große Zahl *itinera*, Fußgängergassen, die gerade eine Breite von 2,9 Metern aufwiesen.

Durch diese engen, dunklen Schluchten wälzte sich ein beständiger Passantenstrom, der im Fortkommen noch zusätzlich behindert wurde, zumal Krämer und Barbiere, Wirte und Metzger mit ihren schnell aufgebauten Buden und Verkaufsständen die Straße auf einen schmalen Pfad einengten.

Verantwortlich für die Reinigung der Straßen waren die Anwohner. Eine Aufgabe, die dadurch erleichtert wurde, daß sämtliche Straßen und Bürgersteige gepflastert waren, der man sich dennoch nur mit Murren unterzog. Die Pflasterung hatte zudem einen gravierenden Nachteil. Da es nämlich strikt verboten war, tagsüber mit Wagen in die Stadt zu fahren – denn wie hätten sonst noch die Fußgänger ihre Ziele erreichen können? –, rollten die Transporte mit ihren eisenbeschlagenen Rädern unter lautem Gepolter nachts durch Rom.

Überhaupt empfahl es sich nicht, in der Nacht durch Rom zu schlendern. In den stockfinsteren Straßen, Beleuchtung existierte nicht, trieb allerlei Gesindel sein Unwesen. Häuser und Tavernen waren verschlossen, der späte Wanderer tastete sich mühsam, meist im Schein eines trüben Talglichts, nach Hause und wurde nicht selten das Opfer fröhlicher Saufkumpane, die das bedauernswerte Objekt ihrer rohen Scherze nach Soldatenmanier auf einem ausgespannten Mantel prellten, bis der ausgegossene Nachttopf eines gestörten Anwohners dem Spuk ein Ende machte.

Der allgegenwärtige Geruch der Garküchen verband sich mit dem Rauch der Kohlenbecken und mit der Ausdünstung der tierischen und menschlichen Exkremente. Die Luft in Rom war schlecht, eine ungesunde Blässe darum die gewöhnliche Gesichtsfarbe. Wer's konnte, zog sich in den Sommermonaten aus der Stadt zurück. Besonders im August und September grassierte die Malaria. Epidemien waren häufig.

Doch wenn auch eine einfache Wohnung in Rom an jährlicher Miete einen Betrag verschlang, für den man in Italien einen Bauernhof erstehen konnte, war keiner ihrer Einwohner willens, die Stadt freiwillig zu verlassen.

»Die Stadt, mein Rufus«, hatte schon Cicero seinen Freund Caelius ermahnt, »die Stadt halte hoch und freue Dich Deines Lebens in ihrem Glanze! Alles Leben in der Fremde ist dunkel und bedrückend für jeden, der in Rom mit seiner Tatkraft glänzen kann. Das wußte ich ganz genau; ach wäre ich doch nicht von meiner Überzeugung abgegangen!« (Cic., Ad fam. 2,14) Nicht Klage eines Exilierten war das, keines Ovid, der im weit abgelegenen Tomi kärglich hauste, nein, als der große Rhetor diese Zeilen schrieb, bekleidete er das wichtige und hochdotierte Amt des römischen Statthalters von Kilikien.

Erstaunt es dann, wenn auch das städtische Proletariat aufs Leben in der Metropole nicht verzichten wollte, daß jene drei Legionen, die, um die Verluste aus der Varusschlacht auszugleichen, aus der Bevölkerung der Hauptstadt zwangsweise gepreßt wurden zum öden Militärdienst in Germanien, sofort beim Tode des Augustus meuterten, fordernd, daß man ungesäumt nun sie entlasse, zurück sie führe zu den Wundern Roms?

In Rom nur war man wirklich Römer. Die freien Bürger, sie hatten ihr Geschäft gemacht mit der neuen Ordnung des Prinzipats und er mit ihnen. Was abgeflossen war an politischer Souveränität – zum Wählen rief sie keiner mehr –, ersetzte der Princeps ihnen durch *panem et circenses*, Brot und Spiele. Getreide, das Grundnahrungsmittel, stand der römischen Plebs, wohl an die 300 000 Münder, kostenlos zu. Eigene Flotten beeilten sich, aus den Provinzen Ägypten und Africa das für die Ruhe in der Hauptstadt nötige Korn pünktlich heranzuschaffen. Der Princeps ließ es damit nicht bewenden, spendete dazu Öl, nicht selten auch ein Geldgeschenk, war überhaupt bemüht, durch Großzügigkeit die Stimmung der hauptstädtischen Massen in seinem Sinne zu beeinflussen.

War derart für die materielle Notdurft gesorgt, blieb genügend Zeit zu Muße und Vergnügen. Die Stadt selber bot sich als ständiges Theater, als Versammlungsort der bewohnten Erde an. Zu schauen gab es immer: Die prachtvolle numidische Gesandtschaft, die Kamele und drei Löwen mit sich führte, Gallier, die durch ihre Hosentracht Verwunderung und gutmütigen Spott hervorriefen, schmalgliedrige Ägypter standen neben Hünen aus dem Norden, der flinke Grieche neben einer Gruppe buntbemützter Phryger. Man strebte zu den Thermen, die mit ihrer verschwenderischen Ausstattung, den kalten und warmen und heißen Bädern, die in den *insulae* nicht vorhandenen sanitären Einrichtungen kompensierten, ließ sich massieren, tauschte Neuigkeiten aus und traf Verabredungen für den Abend und die Nacht.

Daneben eröffneten Circus und Theater andere Möglichkeiten, sich zu amüsieren. Komödien und obszöne Schwänke, die Pantomime und die Dichterlesung – die Zeit sich zu vertreiben fiel nicht schwer. Den Höhepunkt des angenehmen Treibens bildeten die 182 Festtage und die an ihnen zu Ehren der Götter, irgendeines Sieges oder des Geburtstags des Princeps veranstalteten Spiele, die an Pracht und Aufwand alles übertrafen, was in den Provinzen inszeniert wurde. Tausende von Gladiatoren, auch weibliche darunter, hieben aufeinander ein, Löwen und Bären, Elefanten und Rhinozerosse, wilde Büffel und Schweine hetzte man in unterschiedlichen Kombinationen in die Arena, ließ sie auf Fechtergruppen losgehen oder angekettete Verbrecher zerfleischen. Augustus hob, um eine neue Attraktion bemüht, ein großes Wasserbecken aus und bot das Schauspiel zweier Flotten, die, als Athener und als Perser angetan, die Seeschlacht von Salamis in blutiger Anschaulichkeit auskämpften. Das riesige Rechteck des Circus Maximus, gebaut für 350000 Zuschauer, war Schauplatz der nicht minder beliebten Wagenrennen. Die Rennställe der Weißen, Roten, Grünen, Blauen schickten ihre Wagenlenker auf die Bahn, die oft genug unter den mit Eisennägeln gespickten Rädern ihres Konkurrenten zu Tode kamen. Die Anhänger des einen nahmen das regelmäßig zum Anlaß, den Parteigängern des vermeintlichen unverdienten Siegers eine wüste Straßenschlacht zu liefern.

Doch gab Rom auch den feineren Gefühlen Raum. Wer etwas werden wollte in der Kunst und Wissenschaft, die Maler, Dichter, Philosophen, die Ärzte, Astrologen und Rhetoren, sie alle begaben sich dorthin, um ihre Fähigkeiten, ihr Geschick, den Großen dieser Erde anzubieten. Wohl ausgestattet mit Bibliotheken, Schulen und Mäzenen war die Stadt, Konzentration und Förderung durchaus zu finden.

Die Aristokratie, die Senatoren und die Ritter, war selbstverständlicher noch als alle anderen zu Hause in ihrem Rom. Die Widrigkeiten dieser Stadt, sie gingen die feinen Herrn in ihren purpurgesäumten Togen mitnichten an. Die repräsentablen Villen auf dem Esquilin, die reizenden kleinen Häuser der Carinae lagen so hoch am Hang, so abgewandt dem Muff der proletarischen Viertel, daß es des Räucherwerkes, des beliebten, kaum bedurfte, die Zimmer auszulüften. Der kleine Garten, das private Bad, Gesinde, Frauen, Schreiberknechte, es war gesorgt dafür, daß man in aller Ruhe an der Politik und, wenn man's wünschte, an der Literatur Gefallen und in ihr Erfüllung finden konnte.

Tagsüber, wenn der Weg zum Forum oder zu den Thermen führte, sorgte ein Troß von Sklaven und Klienten für gutes Fortkommen in der Menschenmasse, räumte die Bettler und die Krüppel, die scharenweise die Straßen füllten und vor den öffentlichen Gebäuden lungerten, beiseite mit kräftigen Tritten. Sowohl im Theater als im Circus war ein Platz gesichert, und fern vom Pöbel saß man auf den besten Sitzen unter seinesgleichen.

Nachts aber, wenn der Biedermann, so er gesündigt, ängstlich heimwärts schlich, war der Senator oder Ritter niemals allein den Straßenräubern ausgeliefert. Wie's ihm gebührte, schützte das Gefolge ihn vor Mord und Raub. Und selbst wenn es ihn lockte, die Rollen zu vertauschen, selbst Räuber, selbst Belästiger zu sein – der Spaß war bestens abgesichert, die treue Begleitung half dabei.

Rom war der Mittelpunkt der Macht. Hier herrschten Princeps und Senat über Völker und Provinzen, hier fielen die Entscheidungen, die Ruhm bedeuteten oder Untergang, hier trafen täglich die Berichte ein, das Neueste zu verkünden aus den Hauptorten des Imperiums, hier spannen sich Intrigen und Skandale, hier wurde man Millionär in einer Nacht durch kaiserliche Gnade oder Bettler durch kaiserlichen Groll, hier verteilte man die Welt und griff sich mit Glück das größte Stück. Man kannte einander und traute jedermann das Schlimmste zu.

Warum sollte der Ritter Pontius Pilatus dieser wundervollen Stadt den Rücken kehren?

# Die neue Ordnung

Gewonnen hatten die Ritter. Als Augustus am 13. Januar des Jahres 27 v. Chr., 726 Jahre nach der Gründung der Stadt Rom, durch einen pompösen Staatsakt die Begründung des Prinzipats zelebrierte, begannen der Abstieg des Senats und der Aufstieg der Ritterschaft.

Ihr Stand, die ewigen Zweiten, wurde dringend beim Neuaufbau des Staats gebraucht. Ein Gegengewicht war nötig, das der geld- und einflußreichen senatorischen Aristokratie, auf die der Princeps nicht verzichten konnte, die Waage hielt. Wenn irgendwo noch republikanische Neigungen vorhanden waren, Opposition gegen die übermächtige Stellung des Princeps zu gewärtigen war, dann im Senat.

Auf dem Papier nahm sich die Machtverteilung zwischen Senat und Princeps akzeptabel aus. Noch immer verfügte der Senat de jure über die legislative Gewalt, konrollierte die Staatskasse, war für die Verwaltung Italiens und der Senatsprovinzen zuständig, stellte den höchsten Kriminalgerichtshof in seinem Zuständigkeitsbereich dar und behielt das Recht der Münzprägung. Die Legionen wurden von Senatoren kommandiert, Senatoren waren die Statthalter der kaiserlichen und der senatorischen Provinzen. Zudem war der Senat vom Druck des Voks befreit, dessen politische Rolle als Stimmvieh bei den Beamtenwahlen nun überflüssig wurde. Der Princeps behauptete, die Belange des Volkes am besten zu vertreten, weshalb Augustus und in seiner Nachfolge Tiberius die Amtsvollmacht der Volkstribunen an sich zogen.

De facto jedoch ging die Bedeutung des Senats zurück. Was nützte es, wenn sich die Körperschaft zu einem *senatus consultum*, einem förmlichen Beschluß, aufraffte, ein Schreiben des Tiberius hingegen genügte, eine devoteste Rücknahme des gefaßten Beschlusses zu veranlassen? Was bedeutete es, die Staatskasse, das *aerarium*, zu verwalten, wenn doch die kaiserliche Kasse, der *fiscus Caesaris*, der sich aus den Einkünften der kaiserlichen Provinzen und des riesigen Privatvermögens speiste, herangezogen wurde, um das beständig klaffende Defizit im senatorischen Haushalt auszugleichen? Auch jene Trennung der Aufgabenbereiche, die in die Aufteilung des Imperiums in senatorische und kaiserliche Provinzen mündete, begünstigte den Princeps. Von vornherein war darauf gesehen, daß sämtliche Provinzen, in denen Legionen stationiert waren – mit Ausnahme der Provinz Africa –, direkt Augustus unterstanden, und selbstverständlich war ihm die Aufsicht über die senatorischen Provinzen zugesichert einschließlich der Ernennung oder Absetzung aller Offiziere und Beamten. Den sinnfälligsten Ausdruck fand die Entmachtung der alten patrizischen Adelsfamilien in der Art, wie das Münzregal gehandhabt wurde: In des Senats Zuständigkeit lag die Verantwortung für die Kupfermünzen des Reichs, wohingegen der Princeps die Prägung der goldenen Aurei und der silbernen Sesterze sich selbst vorbehalten hatte.

Die neue Sonne am römischen Himmel war der Princeps; wer etwas werden wollte, richtete sich nach ihr. Das galt gerade für die Senatoren. Was wog die Statthalterschaft in einer senatorischen Provinz, die durch Brauch und Herkommen auf ein einziges Jahr beschränkt blieb, gegen die in einer kaiserlichen, die unbefristet ganz nach des Princeps Gutdünken vergeben wurde? Und hilfreich war die kaiserliche Gnade auch, wenn es galt, die für die Senatoren vorgeschriebene Ämterlaufbahn im Geschwindschritt hinter sich zu bringen. Wo andere sich jahrelang als Quästoren und Ädilen quälten, half Glücklicheren ein kaiserlicher Erlaß. »Alle achteten, da die Gleichberechtigung aufgegeben war, auf die Weisungen des Herrschers«, kommentierte resigniert ein Späterer diese Zeit (Tac., Ann. I 4).

Und dennoch – und obwohl die meisten der altpatrizischen Familien in den Bürgerkriegen ausgerottet worden waren und die Parteigänger des Princeps an ihre Stelle rückten – blieb dem Senat der Glanz der Tradition, der Würde und Bedeutung. Die vornehmen Familien saßen in ihm kraft Herkunft, kraft der ruhmreichen Taten ihrer Ahnen. Der Senat, kein König oder Tyrann, war es gewesen, der die Größe Roms begründet hatte. Indem Augustus sich nur Princeps, erster aller Bürger, nannte, setzte er sich im Herkommen mit den Senatoren gleich, sah sich als einer der ihren, Mitglied ihrer Klasse, wenn auch als der durch Erfolg und Tüchtigkeit Hervorragendste.

Um seine Herrschaft freilich endgültig zu befestigen, brauchte er andere, die, abhängig von der kaiserlichen Gnade und nicht auf Gleichheit der Herkunft pochend, das Monopol des Senats in der Verwaltung des Weltreiches brachen. Sein Blick fiel auf die Ritter.

Ursprünglich waren die Ritter der Teil des gemeinen Volkes gewesen, der es sich leisten konnte, zu Pferd in den Krieg zu ziehen. Später bildeten sie sich zum eigenen Stand heraus – nicht zur Aristokratie in engerem Sinn gehörend, aber wohlhabend oder sogar reich –, dessen Stimme bei den Volksversammlungen besonderes Gewicht hatte. In der Republik gehörten ihm diejenigen an, die über ein gewisses Vermögen verfügten. Da es den Senatoren verboten war, Handel zu treiben oder Geldgeschäfte zu machen, bot sich dieser Bereich als Aktionsraum der Ritter förmlich an. So finden wir sie als Bankiers, Steuerpächter, Großhändler und Immobilienspekulanten. Als Zeichen ihrer Würde trugen sie den Ritterring, durften ihre Tunika mit einem schmalen Purpurstreifen schmücken, bekamen besondere Plätze im Theater angewiesen und legten ihren Kindern eine goldene Kapsel um den Hals.

Der Prinzipat bedurfte der Ritter dringend. Augustus hatte zwei große Reformen durchgeführt, den Aufbau eines stehenden Heeres mit einer genau festgelegten Offiziershierarchie sowie eine völlige Reorganisation der Provinzverwaltungen. In beiden Fällen entstanden neue Ämter, die der Princeps keinesfalls nur mit Angehörigen der Senatsaristokratie besetzen wollte, die schon infolge ihrer kleinen Zahl nicht genügte. Die Lösung lautete, den Stand der Ritter neu zu gründen. Nicht einzig das Geld zählte nun, nicht die Geburt, sondern allein die kaiserliche Gnade. Der Princeps selbst ergänzte durch Ernennung den Ritterstand.

Indem die Ritter in Armee und Verwaltung wichtige Posten bekleideten, gewann der Princeps doppelt: mehr Effizienz und die Kontrolle der senatorischen Aristokratie, im ganzen die Gewähr, daß seine Direktiven befolgt wurden.

Die neue Ordnung der Macht, die Etablierung des Ritterstandes nicht mehr als nur wirtschaftlicher, vielmehr als politischer Faktor führte Augustus dazu, die überkommene Formel der Herrschaftsverteilung, *senatus populusque Romanus* – Senat und Volk von Rom –, durch eine neue zu ersetzen: *senatus et equester ordo populusque Romanus* – Senat und Ritterstand und Volk von Rom.

# Die Qual der Wahl

Wie die Senatoren ihre festgelegte Ämterlaufbahn, den *cursus honorum*, besaßen, die sie vom Quästor über den Ädil zum Prätor und mit einigem Glück zum Konsul führte, so auch die Ritter. Pilatus, so wollen wir annehmen, trat in die Armee drei Jahre nach der Varusschlacht ein, und als Germanicus, der Neffe des Tiberius, im Jahre 14 das Kommando über die rheinischen Legionen übernahm, ernannte er den jungen Ritter, der sich als Führer einer Reiterabteilung der Hilfstruppen gut bewährt hatte, zum Tribunen. Drei Jahre später wäre Pilatus dem Prinzen erst nach Rom, dann in den Orient gefolgt. Der jähe Tod des Germanicus am 10. Oktober 19 hätte ihn veranlaßt, nach Rom zurückzukehren. Man bot ihm an, dies unsere letzte Konstruktion, den Prätorianern beizutreten, der Leibgarde des Princeps, und er tat's. Die 30000 Sesterze, die der Tribun im Jahr bezog, das Vierzigfache der Löhnung des gemeinen Prätorianers, waren als Polster ausreichend, die nächsten Schritte in Ruhe zu bedenken.

Was konnte man als Ritter, so man die militärische Laufbahn mit Erfolg bewältigt hatte, wie bei Pilatus ja geschehen, werden? Die Antwort lautete: All das, was die Senatoren nicht werden sollten.

Es ging nicht an, daß man den Senatoren etwa die Kontrolle der Stadt Rom oder den Schutz des Princeps überließ – ein Brutus war genug. Die ganze Militärmacht in und um die Metropole wurde von Rittern kommandiert. Ein Ritter war der Befehlshaber der drei städtischen Kohorten, die am Forum Suarium, dem Schweinemarkt, ihre Kasernen hatten, ein Ritter gebot über die sieben Kohorten der *vigiles*, die über die Stadt verteilt sowohl Polizeidienst zu verrichten als auch die Aufgaben der Feuerwehr zu lösen hatten, zwei Ritter schließlich befehligten des Imperators Elitetruppe, die 9000 Mann starke aus Freiwilligen bestehende Leibgarde der Prätorianer.

Und endlich saß ein Ritter auch in jenem Amt, das die Getreideversorgung der Stadt Rom verantwortete. Grundpfeiler des Staates und des Prinzipats hatte Tiberius diese Aufgabe genannt, der sehr wohl wußte, daß, wer die Nahrungsmittellieferungen kontrollierte, die Stimmung der hauptstädtischen Massen in seinen Händen hielt. Folgerichtig, daß die Flotten, die die dickbäuchigen Frachtschiffe gegen Räuber und Piraten deckten, von Admiralen aus dem Ritterstand befehligt wurden.

Die Ritter waren der Pfahl im Fleisch des senatorischen Adels; die Finanzverwaltung der Provinzen oblag den ritterbürtigen Prokuratoren, sie stellten den größten Anteil am Offizierskorps des kaiserlichen Heeres. Der Höhepunkt der ritterlichen Karriere aber war die Statthalterschaft Ägyptens, der reichsten Provinz des ganzen Imperiums, die mit ihrem Korn die Hauptstadt Rom versorgte. Selbst den hier garnisonierten zwei Legionen standen ausnahmsweise Ritter als Kommandeure vor, und ohne ausdrückliche Erlaubnis des Princeps war es jedem Senator striktest untersagt, den Boden Ägyptens zu betreten.

Und schon gewöhnte sich der Princeps an, in kleinen, unbedeutenden Gebieten, die trotzdem sorglicher Aufmerksamkeit bedurften, Ritter als Statthalter einzusetzen. Der Distrikt der Cottischen Alpen war ein solcher Fall, die Inseln auch, Korsika, Sardinien, die Balearen, Landstriche in Africa und nicht zuletzt Judäa.

Ein weites Feld – und unberücksichtigt hatte er, Pilatus, die ruhige und dennoch wichtige Stellung des Generalpostmeisters, ein weiteres ritterliches Amt, gelassen. In seinem jetzigen Wirkungskreis freilich konnte er nicht höher steigen: Sein Vorgesetzter, der Präfekt der Prätorianer, hieß Sejan.

# Sejan

In der Person des Prätorianerpräfekten zeigt sich eindrucksvoll, daß Macht und Einfluß auf die Staatsgeschäfte nicht mehr alleinige Domäne des Senatorenstandes waren. Der Sohn eines Ritters, um 20 v. Chr. im etruskischen Volsinii geboren, trat schon in jungen Jahren in enge Beziehung zum Kaiserhaus, begleitete den Thronprätentenden Gajus Cäsar auf dessen Reise in den Orient und absolvierte seine militärische Karriere zur Zufriedenheit, so daß er im Jahre 14, beim Regierungsantritt des Tiberius, zum zweiten Präfekten der Prätorianer berufen wurde. Kaum mit diesem Amt bekleidet, eilte er zusammen mit des Tiberius Sohn, Drusus, nach Dalmatien, um einen dort ausgebrochenen gefährlichen Aufstand der Legionen zu befrieden, was gelang.

Zurückgekehrt, erfreute er sich des vollen Vertrauens des Tiberius. Und das mit Grund. Sejan war fähig. Sowohl als Militär als auch als städtischer Beamter bewies er Urteilskraft und Durchsetzungsvermögen. Tiberius schätzte ihn und zog ihn in den engsten Beraterkreis. Als darum im Jahre 15 der andere Prätorianerpräfekt, übrigens der Vater des Sejan, von seinem Amt zurücktrat, verzichtete der Princeps auf die alte Sitte, das Kommando zweizuteilen, und gab den Befehl über die Garde in die Hand des Sejan allein. Fünf Jahre später noch sah er keinen Anlaß, an des Präfekten unverbrüchlicher Loyalität zu zweifeln. Im Gegenteil wußte er die von Sejan getroffenen Maßnahmen nur zu loben und verlieh ihm als Ausdruck seiner Wertschätzung die Abzeichen eines Prätors. Und damit nicht genug, winkte er Erlaubnis, die Tochter des Sejan mit einem Sohn des Claudius, seines Neffen, zu vermählen; eine ungewöhnliche Ehrung, war doch dadurch eine Verbindung zwischen dem Hause Sejan und dem kaiserlichen hergestellt.

Im selben Jahr 20 schließlich gab er der bedeutungsvollsten Forderung des Präfekten nach und ließ es zu, daß dieser sämtliche neun Kohorten der Prätorianer an einer Stelle in der Stadt konzentrierte, wie es nach seiner Meinung der Schutz des Princeps forderte. Das war nun unerhört und nie zuvor beantragt worden. Zwar war die republikanische Regel, die jede Truppenmacht in Rom verbot, schon lange obsolet geworden, doch hatte sich Augustus immerhin begnügt, die prätorianischen Kohorten bis auf die drei, die den täglichen Wachdienst im Palast zu versehen hatten, außerhalb der Mauern der Stadt zu stationieren. Das war nun anders. Drohend und Rom im festen Griff haltend lag das Prätorianerlager der 9000 im Nordosten der Stadt, befehligt von Sejan als einzigem Präfekten, der, weitere unerhörte Neuerung, sämtliche Offiziere der Garde selbständig ernennen durfte.

Sejan war eine Macht in Rom, sein Einfluß auf den Princeps offenkundig unbegrenzt. Das förderte den Neid. Die Mißgunst in den senatorischen Kreisen wuchs, als der Präfekt bei einer Feuersbrunst die Brandbekämpfung derart geschickt und glücklich organisierte, daß der Schaden gering und das prachtvolle Theater des Pompejus unversehrt erhalten blieb. Tiberius lobte ihn öffentlich und befahl, ihm eine Statue zu errichten – eine Ehrung, die der sparsame Princeps sonst nur den toten Freunden zugestand.

Sein Einfluß nahm noch zu, als zu Beginn der zwanziger Jahre die alten Vertrauten und Berater des Tiberius, Sallustius Crispus und Sulpicius Quirinus und schließlich auch Lucius Longus, der Gefährte des Tiberius im Exil zu Rhodos, starben.

Den Rat des Sejan zog der Princeps sichtbar dem Rat des eigenen Sohnes Drusus vor, was letzteren als möglichen Nachfolger im Prinzipat dermaßen provozierte, daß er nach einer hitzigen Auseinandersetzung, in der er es als gefährlich und unnatürlich bezeichnete, einen Angehörigen des Ritterstandes über alle Maßen zu begünstigen und sich von ihm abhängig zu machen, den Präfekten eigenhändig ohrfeigte.

Sejan ertrug es mit stoischer Gelassenheit. Vier Monate darauf war Drusus tot, und als Tiberius die Leichenrede auf den allzufrüh Verstorbenen hielt, stand der Präfekt auf der Rednertribüne neben ihm.

So glänzend diese Auszeichnung auch war, es hatte sich gezeigt, daß Macht und Bedeutung des Sejan sich aus nur einer Quelle speisten: Tiberius. Was sollte sein, was wurde aus dem bei der Aristokratie verhaßten Präfekten, wenn der Princeps, nunmehr fast 70 Jahre alt, sich seinen Ahnen beigesellte? Schon zu Lebzeiten des Drusus war klar, daß Sejans Position, wahrscheinlich sogar sein Leben, beim Tode des Tiberius gefährdet war. Das jähe Ableben des Drusus warf die Würfel neu.

Giftig, weil naheliegend und bestechend logisch, kroch das Gerücht durch Rom, Sejan habe der Krankheit des Drusus gehörig nachgeholfen, sei im Bund gewesen mit dessen Frau Livilla, die er verführt und dann bewogen habe, den Gatten zu ermorden. Der Klatsch sah sich bestätigt, als zwei Jahre später durchsickerte, Sejan habe bei Tiberius um die Hand der Witwe angehalten. Der Princeps freilich wies in höflicher, nichtsdestoweniger entschiedener Form das Ansinnen seines wichtigsten Beraters ab.

Der Präfekt begriff es als eine Niederlage. Die Heirat mit Livilla hätte seine Stellung legitimiert, hätte ihn in engste Verbindung mit dem kaiserlichen Haus gebracht. Denn nach des Drusus Tod stand wiederum zur Disposition, wer Nachfolger des Tiberius werden sollte.

Die dynastischen Verhältnisse waren außerordentlich verwickelt. Nur widerwillig hatte Augustus 4 n. Chr. den damals 46jährigen Tiberius zu seinem Nachfolger bestimmt. Bedingung war gewesen, daß Tiberius, ungeachtet seines eigenen gleichaltrigen Sohnes Drusus, den Großneffen des Augustus, Germanicus, adoptierte. Indem er diesem seine Enkelin Vipsania Agrippina zur Frau gab, machte Augustus seine Absicht offenbar: Germanicus, nicht Drusus, sollte nach Tiberius herrschen.

Als Augustus im Jahre 14 starb, war diese Regelung der Thronfolge von allen Seiten akzeptiert. Germanicus bewährte sich als fähiger General und Diplomat und bewies Tiberius große Loyalität. Nicht vorgesehen war, daß Germanicus im Jahre 19 in Syrien tödlich erkrankte. Gerüchte wollten wissen, er sei vergiftet worden.

Tiberius zögerte mit der Lösung der Nachfolgefrage. Erst 23 setzte er ein Zeichen, indem er seinem Sohn Drusus die tribunizische Gewalt verlieh und ihn damit zu seinem Nachfolger bestimmte. Aber Drusus starb im gleichen Jahr.

Nun hatte Drusus zwar einen Sohn, Tiberius Gemellus, hinterlassen, doch stand der noch im Kindesalter. Hingegen waren zwei Söhne des Germanicus, Nero und Drusus, bereits mit der Männertoga bekleidet worden; ein dritter, Gajus, 13 Jahre alt, bereitete sich gerade darauf vor.

Die Mutter der drei, die Witwe des Germanicus,

Agrippina, war ohnehin der Ansicht, von Geblüt und Abstammung den Nachkommen des Tiberius weit überlegen zu sein. Am Tod des Germanicus gab sie, wie jeder wußte, allein Tiberius die Schuld. Der hatte schließlich davon profitiert, denn erst durch des Germanicus Ableben war es Tiberius möglich gewesen, den eigenen Sohn als Nachfolger zu bestimmen. Jetzt, nachdem auch dieser gestorben war, witterte Agrippina die Chance, wenn nicht ihren Mann, so doch einen ihrer Söhne zur höchsten Würde im Staate zu erheben.

Nicht einfach war die Lage für Sejan. Devise mußte sein, dem regierenden Princeps die Treue zu halten und sich nach dem künftigen auszurichten. Wer aber würde dieser sein? Gut, Tiberius hatte beim Tode des Drusus die Söhne des Germanicus dem Senat ausdrücklich empfohlen. Waren sie damit schon designiert? Sejan glaubte es nicht; allzu bekannt war ihm des Princeps Unschlüssigkeit. Wenn Tiberius nicht handelte, waren eigene Taten nötig. Die erste war der Heiratsversuch, der weiter als aufs Witwentrösten zielte, vielmehr als nächsten Schritt in sich barg, den Sohn des Drusus nach Tiberius als Erben und sich selbst als Vormund und eigentlichen Inhaber der Regierungsmacht einzusetzen. Obwohl Livilla ihm gewogen schien, war der Plan mißlungen. Dasselbe Spiel mit Agrippina zu inszenieren, schloß sich aus. Die stolze Frau verachtete den Sejan unsäglich, sah ihn mit Tiberius am Untergange ihres Hauses beteiligt, sah ihn mitverantwortlich für alle Demütigungen, die sie hatte hinnehmen müssen. Sie war des großen Augustus Enkelin, Sejan hingegen war ein Parvenü.

Im Jahre 26 waren die Fronten geschlossen. Hier Sejan, willens, die Hand Livillas und die Vormundschaft ihres Sohnes zu erringen, dort Agrippina, die den Prinzipat für ihre Söhne als direkte Nachkommen des Augustus reklamierte. Blieb nur die Frage nach der Meinung des Tiberius als desjenigen, der die Entscheidung traf.

Der Princeps hielt sich jeden Weg offen. Hatte er Sejan in jene Schranken gewiesen, die ihm sein Stand gebot, und ihm Livilla verweigert, so hielt er es nicht anders mit Agrippina, als diese sich vermählen wollte. In beiden Fällen zog er es vor, sich nicht festzulegen, und bildete so, ob er es wollte oder nicht, die dritte der Parteiungen.

Die Machenschaften und Intrigen im Kaiserhause, sie waren sämtlich in ganz Rom bekannt. Sie bildeten den Gesprächsstoff in den Thermen, sie waren Ursache heftiger Dispute bei Gelagen; und jeder gab ein Quentchen mehr hinzu und wußte noch Geheimeres.

Die Partei der Agrippina, das wurde rasch deutlich, war augenblicks die schwächste und hatte beide, Tiberius und den Präfekten, gegen sich. Ein Wort freilich genügte, das zu ändern, nur sprach der Princeps es nicht aus. Ganz ähnlich war es mit Sejan. Der Mann war einflußreich und mächtig, solang Tiberius lebte und ihn stützte. Bloß, was kam dann? Der Princeps war ein Greis. Auf ihn allein ließ sich nicht bauen. Wer weiterkommen wollte, durfte kein Neutrum sein, mußte bei einem Regierungswechsel auf das richtige Pferd gesetzt haben.

Für einen wie Pilatus, im zweiten Glied und auf Protektion angewiesen, war das kein leichtes Stück. Wie sich verhalten, mit wem sich verbünden, in wessen Schatten agieren? Und spitzte sich die Situation nicht zu, wenn wahr würde, was die Gerüchtemacher schon längere Zeit genau zu wissen meinten, daß nämlich der Princeps, alt und krank und des Getriebes in der Hauptstadt überdrüssig, sich aufs Land zurückziehen wollte?

In dieser undurchsichtigen Lage schien es das klügste, auf einem Posten abseits vom Parteienstreit der Hauptstadt abzuwarten und sich zu bewähren. Die Präfektur von Judäa, nicht schlecht bezahlt und fern von Rom, war gerade vakant. Der Nachteil der Abgeschiedenheit mochte als Vorteil sich erweisen, und die wohlerwogene Gewohnheit des Tiberius, die Statthalter auf lange Dauer in den Provinzen zu belassen, auf daß sie sich nicht wie in republikanischer Zeit, die ihnen nur ein Jahr als Amtsperiode konzedierte, schamlos und schnell bereicherten, durfte man aufgrund des hohen Alters des Herrschers getrost vernachlässigen.

Gedacht, getan. Viel sprach für Pontius, gegen Pilatus nichts. Im Frühjahr 26 bestieg der neuernannte Präfekt die Triere, die ihn nach Cäsarea führen sollte. Drei Monate später verließ auch Tiberius die Stadt und sah sie nie in seinem Leben wieder.

# Die Lieblinge der Götter

Lassen wir Pilatus auf dem Hinterdeck des Dreiruderers Platz nehmen, lassen wir ihn den Schreibsklaven heranwinken. Der Präfekt wünscht zu lesen. Wir wählen ihm eine erbauliche Lektüre, nichts zu Anstrengendes – er will die Seereise genießen; geben wir ihm das Buch *De excellentibus ducibus exterarum gentium* (Über hervorragende Heerführer fremder Völker) des angesehenen, vor über 50 Jahren gestorbenen Historikers Cornelius Nepos (um 100–26 v. Chr.), und lassen wir Pilatus die Biographie des berühmten karthagischen Feldherrn Hannibal aufschlagen, die so beginnt:

»Wenn es wahr ist, und kein Mensch zweifelt daran, daß das römische Volk alle Völker an Tüchtigkeit übertrifft, so ist ebenso wahr, daß Hannibal die übrigen Feldherren in demselben Maße überragt, als das römische Volk den anderen Völkern an Tapferkeit voransteht.« (Nep., Hann. 1)

Um seine Meinung dazu gefragt, Pilatus hätte seine unbedingte Zustimmung bekundet. Hatte schließlich nicht Rom seine Herrschaft trotz harter Rückschläge, trotz gefährlicher Koalitionen der Feinde über den gesamten Erdkreis ausgedehnt?

Die Legionen hatten den Rand der Sahara erreicht, standen im Westen am Atlantik, im Norden an Rhein und Donau, im Osten am Euphrat. Das war der beste Teil der Welt. Was außerhalb der römischen Grenzen, zwischen ihnen und dem die Erdscheibe unfließenden Ozeane lag, war Barbarenland oder jedenfalls so fremd wie Parther oder Inder, daß es der eigentlichen Ökumene nicht mehr zuzurechnen war.

Die Überlegenheit des römischen über alle anderen Völker in sämtlichen politischen und militärischen Angelegenheiten war somit bewiesen. »Das römische Volk«, hatte der vor neun Jahren (17 n. Chr.) verstorbene Geschichtsschreiber Livius festgestellt, »hat einen solchen Kriegsruhm aufzuweisen, daß die übrigen Völker sich die Herrschaft Roms geduldig gefallenlassen.« (Liv., Ab urbe condita, praef. 7)

Die Weltherrschaft war demnach den Römern nicht durch Zufall, sondern durch Verdienst zugekommen, wozu auch gehörte, die Staatsgötter immer in Ehren gehalten zu haben, um auf diese Weise ihrer gnädigen Hilfe gewiß zu sein. »Wir verdanken unsere Siege über alle Völker der Frömmigkeit, dem Glauben und der Erkenntnis, daß alles durch den Willen der Götter regiert wird«, heißt es bei Cicero (Cic., De resp. har. 19). Mochten andere in Kunst und Wissenschaft nach Vollendung streben, Bestimmung des dazu auserwählten römischen Volkes war es, die Welt zu beherrschen:

»du aber, Römer, gedenk – so wirst du leisten dein Wesen –
Völker kraft Amtes zu lenken und Ordnung zu stiften dem Frieden,
Unterworf'ne zu schonen und niederzukämpfen Empörer!«
(Vergil, Aeneis VI 851–853)

Und eben aus diesem Grunde hatte die Göttin des Glücks auf Dauer ihren Wohnsitz in Rom genommen: »Fortuna hat die Assyrer und Perser verlassen, sie ist durch Macedonien mit flüchtigem Fuß hindurchgeschwebt, hat den Alexander von ihrem Rücken abgeschüttelt, hat auf dem Thron von Ägypten und Syrien vorübergehend sich niedergelassen, hat die Karthager wiederholt emporgehoben; als sie aber dem Palatinus sich näherte und den Tiber überschritt, da hat sie offenbar ihre Flügel abgelegt, hat die Sandalen ausgezogen und hat ihre unbeständige, stets im Rollen begriffene Kugel beiseite geworfen; sie ist nach Rom gekommen mit dem Entschluß, dort ihre bleibende Stätte aufzuschlagen.« (Plutarch, Das Glück der Römer, 4)

Das aber konnte nur heißen, daß nunmehr die Geschichte an ihr Ende gelangt, der ideale Zustand der gesellschaftlichen Ordnung erreicht war. In der Person des Princeps gewann dieser Endzustand menschliche Züge. Ziel des Reiches war nun nicht mehr der Sieg, sondern die Erhaltung des Friedens, die *pax augusta*. So ist auch der Herrscher nicht mehr Eroberer, vielmehr ist er der Bewahrer des Friedens, den er sowohl im Inneren durch die Verhinderung von Bürgerkriegen und Aufständen als auch nach außen durch die Abwehr andrängender Feinde zu sichern hat.

Zehn Jahre nach dem Herrschaftsantritt des Augustus erschien am Himmel als Zeichen der neuen Ära ein Komet, der »Stern der Julier« (17 v. Chr.), und in den östlichen Provinzen begann man den Princeps als Erlöser, als Messias und Heiland des ganzen Menschengeschlechts zu verehren, der nach seinem Tode an seinen angestammten Platz unter den Göttern zurückkehren würde. Zur Zeit als Pilatus nach Judäa fuhr (26 n. Chr.), war der Kaiserkult im ganzen Imperium verbreitet.

Zugestanden: Die Völker des Reiches, das heißt deren Eliten, hatten manche ihrer politischen Freiheiten eingebüßt – die religiösen, rechtlichen und sozialen Verhältnisse der Unterworfenen ließen die Römer so weit wie möglich bestehen –, was sie dafür erhalten hatten, wog freilich, selbst im Urteil der Beherrschten, die Nachteile der römischen Oberhoheit wieder auf: »Die Besiegten beneiden und hassen nicht mehr die Besiegerin Roma. Sie haben vergessen, daß sie einst selbständig gewesen, da sie sich im Genuß aller Güter des Friedens befinden. Die Städte des Reiches strahlen in Anmut und Schönheit. Können nicht alle unbesorgt gehen, wohin immer sie wollen? Sind nicht alle Häfen voll Geschäftigkeit? Haben nicht die Gebirge dieselbe Sicherheit für die Wanderer wie die Städte für ihre Bewohner? Welche Bahnen der Ströme sind für den Übergang gehemmt, welche Furten des Meeres verschlossen? Die ganze Erde hat ihre alte Tracht, das Eisen, abgelegt und erscheint nun im Festgewande. – Es genügt, Römer zu sein, um sicher zu sein. Das homerische ›die Erde ist allen gemeinsam‹ habt Ihr zur Wahrheit gemacht. Ihr habt die Erde vermessen, die Ströme überbrückt, Fahrwege in die Berge gehauen, die Wüsten bewohnbar gemacht und alles durch Ordnung und Zucht veredelt. Ihr habt durch die gegenseitige Verbindung der Völker die Welt gleichsam zu einer Familie gemacht.« (Aristides, Romrede)

Nichts Schöneres konnte es geben, als Römer zu sein, teilzuhaben an der vernünftigen Ordnung der Dinge, im reinen mit den Göttern und im Bewußtsein der Überlegenheit gegenüber allen anderen. Und weder konnte es ehrenrührig noch unter der Würde der Besiegten sein, sich von den Lieblingen der Götter beherrschen zu lassen. Die Römer waren schließlich nicht irgendein Volk, ihre Herrscher nicht irgendwelche Despoten. Berufen und auserwählt waren sie, der Welt den Frieden zu schenken. Wie das zu geschehen hatte, wußten sie selbst am besten.

# Das auserwählte Volk

Nicht nur in Palästina gab es Juden. Überall im Imperium, von dessen Gesamtbevölkerung sie immerhin sieben bis acht Prozent stellten, traf man ihre Gemeinden an. Besonders zahlreich vertreten waren sie in Syrien und Ägypten, aber auch in Kleinasien und Griechenland siedelten sie, in der Provinz Africa lag ein Zentrum, und selbst bis Spanien und Gallien hatte es sie verschlagen. Groß war die jüdische Gemeinde Roms und hatte im Laufe der Zeit so zugenommen, daß Tiberius, um die Ausbreitung des jüdischen Kultus zu beschränken, 4000 ihrer Mitglieder nach Sardinien verbannte, wo sie bei der Bekämpfung von Räuberbanden Verwendung finden sollten.

Die Juden, darin war sich die römische Aristokratie einig, waren bisweilen, bei all ihrer Nützlichkeit, ein seltsames Volk. Pilatus entsann sich einer Satire des Horaz, in welcher der Dichter mit deftiger Deutlichkeit die *curtos Judaeos*, die verstümmelten Juden, verspottet hatte (Horaz, Ser. I 9,70). Wieso auch mußte als Zeichen der Erwähltheit gerade die Vorhaut fallen?

Der Merkwürdigkeiten noch kein Ende, verbot ihnen ihr Gesetz die kultische Verehrung des göttlichen Kaisers, die sich sonst jeder treue Untertan höchst angelegen sein ließ. »Du sollst keine anderen Götter haben neben mir«, hieß es in einer ihrer heiligen Schriften. Aber was hatte Pompejus, als er (63 v. Chr.) Jerusalem besetzte und in das Innere des Jahwe-Tempels eindrang, gefunden? Nichts, buchstäblich nichts. »Drinnen findet man kein Götterbild, sondern nur einen leeren Sitz und wertlose Geheimnisse!« hatte der berühmte Feldherr erbost berichtet (Tac., Hist. V 9).

Und eben jener unsichtbare Gott hatte ihnen geboten, jeden siebten Tag alles stehen- und liegenzulassen, wirtschaftlichen und sozialen Obliegenheiten nicht nachzukommen und statt dessen zu ruhen. War es ein Wunder, daß dieser Aufruf zum Faulenzen ihnen Scharen von neuen Anhängern eintrug?

Ihre Proselytenmacherei war selbst dem Tiberius zuviel geworden. Der Vorwurf, den der Redner Valerius Maximus erhoben hatte, die römischen Sitten würden durch den jüdischen Kult verdorben, fand beim Kaiser volle Zustimmung.

Zum Ärger ihrer heidnischen Mitwelt hielten sich die Juden strikt abseits, nahmen an Mahlzeiten, Verträgen, Gebeten und Opfern mit Nichtgläubigen nicht teil, also an all dem, was üblicherweise zur antiken Geselligkeit gehörte. Da sie zudem die Eheschließung mit Nichtjuden ablehnten, war die Meinung des Hekataios von Abdera weitverbreitet, der da gesagt hatte, daß den Juden eine Art der Lebensführung eigen, die der Menschlichkeit und der Gastfreundschaft entgegengesetzt sei. Und ein späterer Autor stellte fest: »Die Juden zeigen unter sich ein eisernes Zusammengehörigkeitsgefühl und ein tätiges Mitleid, das in scharfem Gegensatz steht zu dem unversöhnlichen Haß, den sie gegenüber den übrigen Menschen an den Tag legen. Niemals essen und schlafen sie bei Fremden, und obwohl diese Rasse der Sinnlichkeit sehr zugetan ist, enthält sie sich doch jeden Geschlechtsverkehrs mit fremden Frauen.« (Tac., Hist. V 5)

Die offizielle Haltung des römischen Staates trug diesen populären Anwürfen überraschend wenig Rechnung. Die Juden waren als tüchtige Bauern, Handwerker, Händler und Soldaten geschätzte Bewohner des Imperiums. Viele hatten das römische Bürgerrecht erworben, schon stellten sie Beamte für das Reich. Die jüdischen Bürger Alexandriens hatten Cäsar unterstützt, als er in Ägypten focht, und auch Augustus bei seinem Kampfe gegen Marc Anton die Hilfe nicht verweigert. Dementsprechend und weil es zur römischen Staatsidee gehörte, die religiöse Autonomie der unterworfenen Völker nicht anzutasten, reagierte der römische Verwaltungsapparat geschmeidig: Die Juden wurden vom Opfer für den Kaiser befreit, der Sabbat ihnen im allgemeinen zugestanden. Daß diese Privilegien Neid erweckten, lag auf der Hand.

Es kam hinzu – und das war durchaus provozierend –, daß sich die Juden, dieses politisch schwache Volk, nicht scheuten, sich als Auserwählte zu betrachten. Nicht Rom galt ihnen als Endpunkt der Geschichte, sondern Gottes Reich, und dieses Reich, so hatte der Prophet Daniel verkündet, werde keinem anderen Volke als den Juden zufallen.

Das geistige Zentrum dieses Glaubens lag in Jerusalem, der Stadt, die alljährlich zu den großen jüdischen Festen Zehntausende von Pilgern aus der Diaspora empfing. Hier stand der Tempel, hierher flossen bedeutende Teile der Gemeindegelder, hier waren die angesehensten Toraschulen. War auch die politische Unabhängigkeit verspielt, die geistige Ausstrahlung hatten keinen Schaden gelitten.

## Judäa

Die Provinz, die zu verwalten Pilatus sich anschickte, galt als unruhig. Waren zu Beginn ihrer Herrschaft, das war nun 20 Jahre her, die Römer mit Erleichterung begrüßt worden, hatten sie doch den drängenden Wünschen der Juden folgend der Herrschaft des tyrannischen und brutalen Archilaos ein Ende gemacht, so wurde das rasch anders. Ernüchterung machte sich breit unter den Bewohnern Judäas.

Zu Spannungen gab es vielerlei Anlässe. Vor allem mischte sich die Bevölkerung aus vielen Gruppen. Der römische Präfekt hatte es nicht nur mit Juden zu tun, sondern auch mit den Idumäern im Süden und den Samaritern im Norden. Vor 150 Jahren waren die ersteren von den Juden unterworfen worden und wurden durch Zwangsbeschneidung in die jüdische Kultusgemeinde aufgenommen. Die Samariter waren auf die Juden gleichfalls nicht gut zu sprechen. Ihr Versuch, das Glaubensmonopol der Jerusalemer Orthodoxie durch einen eigenen Tempel zu brechen, war mit Waffengewalt unterdrückt, ihr Heiligtum auf dem Berge Garizim, über der Stadt Sichem gelegen, zerstört worden.

Eine weitere wichtige Gruppe waren die meist in den Städten der Küstenebene lebenden Griechen, die dort, insbesondere in Cäsarea, das herrschende Bevölkerungselement darstellten und sich im wirtschaftlichen Bereich als Konkurrenten der Juden hervortaten.

Aufgabe des Präfekten war es, die unterschiedlichen Interessen dieser Gruppen in eine halbwegs stabile Balance zu bringen, um auf diese Weise Ruhe und Ordnung sowie, eine seiner vornehmsten Pflichten, die pünktliche Eintreibung der Steuern zu gewährleisten.

Verglichen mit anderen Provinzen waren die Machtmittel, die ihm zur Verfügung standen, freilich nicht sehr beeindruckend. Von seinem Vorgänger Valerius Gratus übernahm er das Kommando über ein bescheidenes Kontingent Hilfstruppen, 3000 an der Zahl, davon 500 Reiter. Keine römischen Legionäre waren das, sondern im Lande angeworbene Griechen, Samariter und andere, jedoch niemals Juden. Diese waren aus Tradition vom Militärdienst befreit. Die Truppen standen, mit Schwerpunkten in Cäsarea, Jerusalem und Sebaste, über das ganze Land verteilt, das etwa eine Million Einwohner zählte. Damit war klar, daß es zu ernsteren Unruhen möglichst nicht kommen durfte: Die Soldaten des Präfekten wären nicht in der Lage gewesen, sie niederzuschlagen, und der Ritter Pilatus hätte peinlicherweise auf die Hilfe des senatorischen Statthalters von Syrien zurückgreifen müssen.

Also war Pilatus auf eine enge Zusammenarbeit mit dem Großen Sanhedrin verwiesen. Dieser, in Jerusalem zusammentretend, bildete unter der Leitung eines Hohenpriesters das höchste rechtliche und religiöse Gremium der jüdischen Nation und war dem Präfekten für die Administration des jüdisch besiedelten Kernlandes verantwortlich.

Selbstredend hatte sich Rom Eingriffsmöglichkeiten vorbehalten. Der Hohepriester wurde vom jeweiligen Präfekten eingesetzt, der auch dessen Ornat unter Verschluß hielt und ihn nur an den hohen jüdischen Feiertagen aushändigte. Gleichfalls gebot der Präfekt über die

Jurisdiktion bei Kapitalverbrechen: wie weit er diese Zuständigkeit allerdings an sich zog, blieb ihm überlassen. Doch empfahl sich Behutsamkeit. Natürlich hatte Pilatus das Recht, sich jederzeit und nach eigenem Ermessen in jeden brisanten Vorgang einzuschalten – die generelle Autonomie der jüdischen Institutionen wurde davon nicht berührt –, ob es freilich unter den obwaltenden Umständen politisch opportun erschien, das stand dahin.

Unruhe rief es auch hervor, Proteste regten sich, wenn der Vertreter Roms die Rechte der altehrwürdigen aristokratischen Familien der Phiabi, Boethos, Ananos oder Kamith auf Übernahme der hohepriesterlichen Würde überging. Wichtig war herauszufinden, wer der romfreundlichen und wer der romfeindlichen Partei im Lande angehörte. Die einen galt es zu fördern, die anderen in ihre Schranken zu weisen.

Die Analyse erwies sich als schwierig. Waren beispielsweise die Pharisäer, die im Großen Sanhedrin die Mehrheit bildeten, eine Gefahr für die römische Machtstellung? Die Berater des Präfekten zuckten die Schultern. Die Pharisäer waren keine geschlossene Gruppe, die wie aus einem Munde sprach. Eine politische Partei mit genauen Zielen waren sie ebensowenig. In ihrem Denken spielte die staatliche Autorität nur insofern eine Rolle, als sie die Möglichkeit zur Befolgung der göttlichen Gebote bieten mußte. Tat sie das, blieb sie von den Pharisäern unbeachtet, wo nicht, leisteten sie entschieden Widerstand. Und eben dieser radikalen Haltung wegen besaßen sie viel Anhang im Volk.

Weitverbreitet war unter ihnen die Ansicht, und hier begann es bedenklich zu werden, die Römer seien als Vorboten der Endzeit anzusehen. In einer Schrift, »Himmelfahrt des Mose« betitelt, hieß es über die Juden: »In ihre Gebiete werden Kohorten kommen und des Abendlands mächtiger König, der sie erobern wird. Und sie werden sie in Gefangenschaft führen, und einen Teil ihres Tempels wird er mit Feuer verbrennen, einige um ihre Ansiedlung herum kreuzigen. Von da ab werden die Zeiten ihrem Ende zugehen.« (VI 8 u. 9, VII 1)

Jenes Ende der Zeiten eröffnete den Römern keine besonders günstigen Aussichten. Denn selbstverständlich würden dann die Juden als Gottesvolk über die Erde herrschen. Mit Anspielung auf die ruhmvollen Standarten der Legionen lautete die betreffende Textstelle in schöner Deutlichkeit: »Dann wirst du glücklich sein, Israel, und du wirst auf Nacken und Flügel des Adlers hinaufsteigen, und so werden sie ihr Ende haben.« (X 8)

So wenig wie Pilatus gesonnen war, sich auf den Nakken treten zu lassen, gefiel ihm jene Stelle in der Heiligen Schrift der Juden, in der der Prophet Daniel vier große Tiere, die Weltreiche symbolisierend, dem Meer entsteigen ließ, wovon vor allem das vierte und letzte nach allgemeiner Meinung der Juden auf Rom zu beziehen sei: »Danach erblickte ich in den Nachtgesichten ein viertes Tier, furchtbar und schrecklich und außerordentlich stark. Es hatte mächtige Zähne aus Eisen und Klauen aus Erz. Es fraß und zermalmte, und den Rest zertrat es mit seinen Füßen. (...) Das vierte Tier bedeutet: Auf Erden wird es ein viertes Reich geben, verschieden von allen anderen Reichen; die ganze Erde verschlingt es, zertritt und zermalmt sie! (...) Dann aber wird das Gericht Platz nehmen und ihm die Herrschaft entreißen, um sie endgültig zu zerstören und zu vernichten. Königtum, Herrschaft und Übermacht über alle Reiche unter dem Himmel wird dem Volke der Heiligen des Höchsten verliehen.« (Dan. 7,7f) Deutlich war damit ausgesprochen, daß das römische Weltreich vergehen müsse, damit die Gottesherrschaft beginnen könne.

Solange dieser theologischen Spekulation keine Taten folgten, durfte der Statthalter die Dinge auf sich beruhen lassen. Sein Eingreifen war jedoch da geboten, wo man versuchte, dem ersehnten Gottesreiche unter Hintansetzung der römischen Interessen durch Taten nachzuhelfen. Dazu bot vor allem der bei den Pharisäern und im Volk ganz allgemein verbreitete Glaube an einen Messias Gelegenheit. Diese selbsternannten Erlöser und Befreier fanden meist genügend Anhänger, die mit ihnen der Meinung waren, daß die Herrschaft der Heiden über das Volk Gottes lange genug gedauert habe. Unruhen waren oft die Folge.

Nur gut, daß Priesterschaft und Aristokratie, aus deren Mitte die Statthalter den Hohenpriester wählten, vernünftigere Ansichten vertraten. Den von den Pharisäern gepflegten Messiasglauben lehnten jene, Sadduzäer genannt, als lächerlich ab und waren durchweg geneigt, sich mit der römischen Herrschaft abzufinden. Sie gaben zu bedenken, daß ohne Gottes Hilfe niemals ein so großes Reich hätte entstehen können und daß es deshalb durchaus dem göttlichen Heilsplan entspreche. Im übrigen habe die *pax Romana* für die Juden, gerade auch in der Diaspora, gewichtige Vorteile, und überhaupt seien die militärischen Machtmittel des Römerreiches von einer Stärke, daß es vermessen sei, sich dagegen aufzulehnen.

Solch praktisch-politischer Standpunkt war eine gute Basis der Zusammenarbeit. Kaiphas, seit acht Jahren Hoherpriester, vertrat ihn auch. Pilatus bestätigte ihn in seinem Amt.

# Der Präfekt I

Pilatus und sein Stab von *comites*, die ihn aus Rom in diese weltabgeschiedene Provinz begleitet hatten, waren sich über Cäsarea einig: Für ein paar Jahre ließ es sich in der Hafenstadt wohl aushalten. Die junge Kapitale der Provinz war vor noch nicht 50 Jahren vom damaligen jüdischen König, Herodes dem Großen, gegründet worden und ganz von seinen hellenistischen Neigungen geprägt.

Im Süden lag ein griechisches Theater, im Norden, 20000 Menschen fassend, ein Hippodrom für die gröberen Belustigungen, für Fechterspiele, Wagenrennen und Tierhetzen, am Hafen, imposant das Stadtbild prägend, der Tempel des Augustus. Daß stets genügend Volk sich in den Straßen drängte, verbürgte der großzügig angelegte Hafen, dessen weit in die See hinausgebaute Molen Schutz vor den stärksten Stürmen boten. Dank Herodes' Baueifer war Cäsarea der beste Ankerplatz an der Küste von Palästina. Handel und Gewerbe blühten mächtig auf.

Wie seine Amtsvorgänger residierte Pilatus im ehemaligen Königspalast, am Nordende des Hafens gelegen, der aus weißem Marmor errichtet, einem römischen Ritter und Präfekten gut gefallen konnte. Bestieg er die Dachterrasse, hatte er die ganze Stadt im Blick. Die wehrhaften Mauern, die die gedrängte Fülle der Häuser im weiten Halbkreis schirmten, den Aquädukt, der die öffentlichen Badehäuser und Brunnen beständig mit reinem Wasser speiste, im Norden, höchst unbedeutend und in der Masse des Heidnischen fast untergehend, das kleine Judenviertel, im Süden die Straße, die über Antipatris und Gophna nach Jerusalem führt.

Jerusalem, das war der Tempel. Ein Sechstel der Stadtfläche nahm er ein, 430 mal 300 Meter maß sein Innenhof, umgeben von einer fünf Meter hohen Steinmauer, die auf der Innenseite von Kolonnaden geschmückt war, unter denen die Rabbiner lehrten und auf denen an den hohen jüdischen Festtagen römische Soldaten postiert wurden, um durch ihre augenfällige Präsenz etwaige Unruhen im Keim zu ersticken. In der den Tempel überragenden Burg Antonia war zum steten Ärger der Juden eine Kohorte Auxiliartruppen garnisoniert. Die Burg und der festungsmäßig ausgebaute Palast des Herodes waren die Stützpunkte der römischen Macht in Jerusalem. Im letzteren nahm der Statthalter Quartier, wenn er zu den großen jüdischen Festen nach Jerusalem eilte, um die Ordnung persönlich aufrechtzuerhalten und allfällige Probleme mit Hohempriester und Sanhedrin zu besprechen. Dem jüdischen Selbstbewußtsin tat es gut, daß der Statthalter nur sporadisch anwesend war. Die Stadt blieb sich selbst überlassen, und die römische Besatzung hielt sich nach Möglichkeit zurück.

Pilatus fand, daß man die Zurückhaltung auch übertreiben konnte. Die jüdische Religion verbot die bildliche Darstellung von Menschen als schwere Sünde gegen Gottes Gebot. Um die Juden nicht zu reizen, hatten seine Vorgänger im Amt befohlen, daß von den Fahnen der in Jerusalem stationierten Kohorte die Kaiserbilder, die an ihnen in Form von Medaillons befestigt waren, abzunehmen seien. Das, fand Pilatus, ging denn doch zu weit. Drei Jahre war es her, daß die Provinz Asia es sich zur hohen Ehre angerechnet hatte, dem Genius des Kaisers

Tiberius einen Altar aufstellen zu dürfen. Hier aber, in Jerusalem, wollte man nicht einmal seine Bilder dulden.

Sein Vorgänger, Valerius Gratus, hatte für Pilatus' Geschmack der Anpassung an die örtlichen Verhältnisse zu gefällig das Wort geredet. Das Ansehen des Kaisers litt Schaden durch solch schwächliche Politik. Und schließlich hatte Tiberius im Jahre 19 gezeigt, daß er sich von seiten der Juden nicht alles bieten lassen wollte, als er 4000 von ihnen zwangsweise aushob, um die sardischen Räuber zu bekämpfen.

Es schien Pilatus freilich ratsam, nicht gleich zum Auftakt seiner Präfektur den offenen Konflikt zu suchen. Daher gab er Anweisung, die Kohorte möge zwar mit den Kaiserbildern an den Fahnen, aber zur Nachtzeit in Jerusalem einmarschieren. So geschah es, und am Morgen flatterten die vollständigen Standarten stolz auf den Wällen der Antonia.

Die Freude des Statthalters über den gelungenen Streich währte allerdings nicht lange. In hellen Haufen strömte die Bevölkerung Jerusalems, durch Landleute der Umgebung noch verstärkt, nach Cäsarea und bat Pilatus, die Bilder zu entfernen. Gotteslästerung seien sie, warfen ihm die Juden vor, eine Schändung der heiligen Stadt, kein gläubiger Bekenner Jahwes könne dies ertragen.

Zwei Tage diskutierte man miteinander, kein Kompromiß war möglich. Und als Pilatus schließlich die Geduld verlor, die Sprecher abwies und befahl, die Menge möge sich schnurstracks gen Jerusalem nun in Bewegung setzen – was geschah? Mit stoischem Gleichmut setzten sich die Juden nieder, breiteten Decken aus, zündeten Feuer an und erklärten, nicht eher wichen sie aus Cäsarea, als bis der Präfekt ihre Wünsche hätt' erfüllt. Was blieb ihm übrig als jene letzte Drohung? Er wies die Massen in den

Hippodrom, umstellte sie mit seinen Truppen und wütete, wer sich weigere, seinen Befehlen zu willfahren, der sei des Todes schuldig. Eine halbe Stunde räume er ihnen ein, den Staub Cäsareas vor den Toren abzuschütteln, wer dann noch innerhalb der Mauern angetroffen werde, verfalle unweigerlich dem Schwert. Pilatus sprach's, und die Soldaten zogen blank.

Die Menge sah auf ihren Sprecher. Der stand auf und redete, sowohl an den Präfekten als auch ans Volk sich wendend, der halben Stunde bedürft' es nicht. Die hier versammelten Juden zitterten mehr vor dem Zorn ihres Gottes, der ewig sei, als vor den Eisen der Legionäre, die nur ihrem irdischen Dasein, das ohnehin kurz bemessen, ein Ende setzen könnten. Der Sprecher brach ab, die Menge rief Beifall. Pilatus wand sich noch drei Stunden, währenddessen die Soldaten in der Sonne schmorten, und stimmte schließlich allem zu. Ein Massaker waren die Kaiserbilder nun doch nicht wert. Bald hatte er sie wieder in Cäsarea (Jos., JA, XVIII 3,1 u. JK, II 9,2 u. 3).

Fortan richtete sich Pilatus darauf ein, seine Stellung und sein Ansehen nicht spektakulär aufs Spiel zu setzen, sondern durch sachte zunehmenden Druck dem jüdischen Unabhängigkeitsstreben Zügel anzulegen.

Zustatten kam ihm, daß sich die meisten Juden zwar darüber einig waren, daß die römische Herrschaft im Grunde eine Schande für Judäa sei, daß aber diese Meinung von den geld- und einflußreichen Juden der Diaspora nicht geteilt wurde, zudem die politischen Gruppierungen in Judäa so uneins miteinander waren, daß die Frage, wie denn der Staat nach einem etwaigen Zusammenbruch der Römerherrschaft zu organisieren sei, höchst unterschiedlich oder gar nicht beantwortet wurde. Man zog es allgemein vor, die Lösung dieses Problems dem kommenden Messias aufzubürden.

Dem Statthalter war bewußt, und der jüdischen Priesteraristokratie und ihrem Sprecher Kaiphas ebenso, daß nichts so sehr geeignet war, die soziale Ordnung, von der Rom und Priesterschaft gleichermaßen profitierten, zu zerstören wie das Auftreten selbsternannter »Erlöser«. Angesichts seiner schwachen militärischen Kräfte und des religiösen Fanatismus der Bevölkerung, wie er sich in der Feldzeichenaffäre gezeigt hatte, bestand Pilatus darauf, die Zuständigkeit für die Blutgerichtsbarkeit, die bislang zwischen Sanhedrin und Statthalter strittig war, vollständig in seine Kompetenz zu überführen. Mit Blick auf die gemeinsamen Interessen gab der Sanhedrin unter Protest seine Zustimmung (San. 18a, 42 – 44).

Die guten Beziehungen zur Priesterschaft, deren Hohenpriester Kaiphas er Jahr für Jahr in seinem Amt bestätigte, wurden auch dadurch nicht getrübt, daß der Präfekt, den die Fahnenaffäre noch immer wurmte, ab dem dritten Jahr seiner Amtszeit Kupfermünzen schlagen ließ, auf denen römische Kultsymbole, *lituus* und *simpulum*, abgebildet waren. Zwar hatte Valerius Gratus dies auch einmal versucht, war dann aber zu den üblichen unverfänglichen Abbildungen, zu Gerstenähren, Weinstöcken oder Palmen zurückgekehrt, die das jüdische Verbot von Menschen- und Tierdarstellungen nicht verletzten.

Die von Pilatus bevorzugten Prägungen waren in der Mittellage der Provokationen angesiedelt. Sie waren einerseits kein Verstoß gegen das Bilderverbot, waren andererseits aber auch nicht unschuldig neutral. Das *simpulum* war eine Schöpfkelle, mit der die Heiden das Trankopfer zelebrierten, und der *lituus* der Stab der die Zukunft weissagenden Auguren. Aber schließlich benutzten die Juden trotz des Bilderverbots die mit dem Bild des Kaisers geschmückten Gold- und Silberdenare und nahmen daran keinen Anstoß.

Zu einer ernsthaften Auseinandersetzung kam es hingegen aus einem Anlaß, der eigentlich gedacht war, das Ansehen des Statthalters zu heben. Jerusalem war mit Wasser chronisch unterversorgt. Auf einem Gebirgskamm gelegen, kaum über Quellen verfügend, bezog es sein Wasser vornehmlich aus Zisternen. Insbesondere an den großen Festen, an denen die Stadt von Besuchern überquoll, wurde dieser Mangel emfpindlich spürbar. Schon der Tempel allein hatte einen ungeheuren Wasserbedarf, schreiben doch die jüdischen Reinheitsgesetze rituelle Bäder zwingend vor.

Sich und Rom zur Ehre gedachte Pilatus, diesem Notstand mit einer Wasserleitung, einem Aquädukt, abzuhelfen. Doch mußte dieser über eine ziemlich weite Distanz an die Stadt herangeführt werden, was mit erheblichen Kosten verbunden war. Da der Statthalter weder die Steuern erhöhen konnte, die sowieso zu hoch waren, noch den Tribut an den Kaiser verringern mochte, noch die eigenen Einkünfte vermindern wollte, verfiel er auf eine unkonventionelle Lösung: Er nahm das nötige Geld aus dem Tempelschatz, dem *korban*.

Der war, dank den Spenden und Dotationen, die ihm aus Judäa und der Diaspora zuflossen, allzeit gut gefüllt, freilich nicht dazu bestimmt, öffentliche Bauten zu finanzieren. Man konnte sich höchstens auf den Standpunkt stellen, daß, dachte man an die Versorgung der zahllosen Pilger, damit religiösen Bedürfnissen Rechnung getragen wurde. So begriffen es wohl auch die Sadduzäer und Kaiphas; jedenfalls müssen sie sich zur Mitarbeit bereit erklärt haben, denn Pilatus hätte niemals wagen können, sich gewaltsam des *korban* zu bemächtigen.

Die Pharisäer jedoch, über diese Profanierung der Tempelgelder empört, mobilisierten das Volk, das in Scharen vor dem Amtssitz des Statthalters erschien und lauthals die Rückgabe des Geldes an den *korban* forderte. Pilatus zeigte sich der Menge, der er befahl, den Platz zu räumen. Wüste Beschimpfungen waren die Antwort. Wer aber gedacht hatte, der Präfekt würde, wie in Cäsarea geschehen, den Forderungen der Menge nachgeben, sah sich getäuscht. Pilatus, im Bewußtsein seines Bündnisses mit der Priesteraristokratie, griff unnachsichtig durch. Im Gedränge verteilte, als jüdische Bürger verkleidete Soldaten zogen auf ein Zeichen des Präfekten Knüppel und Schwerter hervor und droschen auf die erschrockenen Massen ein. Als Nichtjuden, Griechen, Samariter und Idumäer, nutzten sie mit Begeisterung die Gelegenheit, ihrem aufgestauten Haß freien Lauf zu lassen. Dutzende von Toten, viele Unbeteiligte darunter, blieben auf dem Platz – fast wurde es dem Statthalter selbst zuviel. Aber mit dem Ergebnis konnte er zufrieden sein: »Erschreckt über das Schicksal der Getöteten verstummte das Volk«, vermerkt Flavius Josephus im *Jüdischen Krieg* (II 9,4; vgl. auch Jos., JA, XVIII 3,2). Pilatus hatte sich durchgesetzt. Seine Stellung im Lande war gefestigt wie nie.

# Rom II

Inzwischen schienen in Rom die dynastischen Kämpfe einer Klärung entgegenzugehen. Nachdem sich Tiberius nach Capri zurückgezogen hatte, war die Stellung des Sejan ganz eindeutig die des zweiten Mannes im Staate. Der Kaiser vertraute dem Prätorianerpräfekten blind, bezeichnete ihn ehrenvollerweise öffentlich als *adiutor imperii* (seinen Helfer bei der Herrschaft) und wurde nicht müde, Sejan als denjenigen zu preisen, der seine eigenen Interessen zurückstellte, wenn es die des Princeps zu vertreten galt.

Mehr und mehr neigte Tiberius dem von Sejan zielstrebig verfolgten Plan zu, nicht die Germanicussöhne, sondern seinen eigenen Enkel, den zehnjährigen Tiberius Gemellus, als seinen Nachfolger zu bestimmen und Sejan als Regenten einzusetzen. Solche Überlegungen waren natürlich Wasser auf die Mühlen der Agrippina, die sich angesichts dieser deprimierenden Aussichten dazu verleiten ließ, vor Zeugen üble Vorwürfe gegen den Kaiser zu erheben. Beleidigende Inschriften standen plötzlich an römischen Häuserwänden, und nachts erschollen Rufe, die Tiberius am frühen Tode des Germanicus die Schuld gaben.

All dies erschütterte die Machtstellung des Kaisers und Sejans nicht im geringsten, war vielmehr Ausdruck der Verzweiflung einer ehrgeizigen Frau, die sich um die ihr im Staate vermeintlich zukommende Rolle betrogen fand, was Tiberius einmal mit den Worten kommentierte: »Wenn du nicht herrschst, mein Töchterchen, glaubst du dann, dir geschehe Unrecht?« (Suet. Tib. 53)

Für Sejan bot sich durch Agrippinas Ungeschick die beste aller Möglichkeiten. Da er den Zugang zu Tiberius kontrollierte, den Fluß der Nachrichten aus Rom vollständig steuern konnte – die Prätorianer besorgten die kaiserliche Post –, war es ihm ein leichtes, dem mißtrauischen Kaiser einzugeben, hinter Agrippina und ihren Söhnen stehe eine weitverzweigte, das Leben und die Herrschaft des Kaisers bedrohende Verschwörung. Tiberius akzeptierte dies um so breitwilliger, als es im Grunde seinen eigenen Befürchtungen entsprach. Agrippina und ihr ältester Sohn, Nero, wurden auf die Inseln Pandateria und Pontia verbannt und begingen bald darauf Selbstmord. Ein Jahr später war ihr zweiter Sohn, Drusus, an der Reihe, wurde zum Staatsfeind erklärt und auf dem Palatin inhaftiert. Damit war die Familie des Germanicus praktisch ausgelöscht. Nur der knapp 18jährige Gajus, der jüngste Germanicussohn, den die Soldaten scherzhaft Caligula, das Stiefelchen, nannten, blieb unbehelligt.

Senatoren und Ritterschaft wußten nun, womit sie zu rechnen hatten, stellten sich darauf ein und mit Sejan gut. Es paßte ins Bild, daß Tiberius nun der Ehe zwischen der Witwe seines Sohnes Drusus, Livilla, und Sejan zustimmte, denn diese enge Verbindung mit der kaiserlichen Familie war Grundvoraussetzung für die Autorität des designierten Regenten, der schließlich nicht senatorischer, sondern nur ritterlicher Abstammung war.

Im Jahre 31 erreichte der Prätorianerpräfekt den Gipfel seiner Macht. Tiberius übernahm zusammen mit ihm das Konsulat, was er seit seinem Regierungsantritt bis dahin nur zweimal getan hatte: im Jahre 18 mit Germanicus und im Jahre 21 mit seinem Sohn Drusus. Damit bezeichnete er Sejan wie die Vorgehenden als seinen erklärten Nachfolger. Der Senat beeilte sich pflichtschuldigst, seine Zufriedenheit mit dieser Lösung dadurch zu bekunden, daß er beiden eine Amtszeit von fünf Jahren statt wie üblich einem Jahr konzedierte. Einige Monate später bekam Sejan zudem das *imperium proconsulare* von Tiberius verliehen: die Befehlsgewalt über die Legionen in den Grenzprovinzen.

Danach aber ereigneten sich Dinge, die gerade aus dem Blickwinkel des abgelegenen Judäa und seines Statthalters, der an den römischen Intrigen wenig Anteil nehmen konnte, schwer zu erklären waren.

Bereits nach vier Monaten, am 9. Mai 31, legte Tiberius sein Konsulat vorzeitig nieder und zwang damit seinen Amtskollegen Sejan, es ihm gleichzutun. Merkwürdig war auch, daß der Kaiser sich plötzlich Caligulas erinnerte, ihn nach Capri rief und ihm ein Priesteramt verlieh.

Sejan bemühte sich um eine Zusammenkunft mit dem Princeps. Diese wurde von Tiberius nicht nur verweigert, sondern gleichzeitig der Senat angewiesen, übertriebene Ehrungen für noch lebende Personen fortan zu vermeiden; ein Seitenhieb, der eindeutig auf Sejan abzielte.

Am 18. Oktober schließlich fand jene Senatssitzung statt, in der der nichtsahnende Sejan, der keinerlei Gegenmaßnahmen getroffen hatte, der Verschwörung gegen das Leben des Princeps angeklagt und sofort verhaftet wurde. Am selben Tage richtete man ihn hin.

Pilatus versuchte vergeblich, sich einen Reim darauf zu machen. Weshalb hätte Sejan sich gegen Tiberius verschwören sollen? Der Kaiser stand im hohen Alter von 73 Jahren, die Zukunft als Regent und Gatte der Livilla konnte für Sejan nicht glänzender gedacht werden. Und hätte denn Sejan so billig sich überrumpeln lassen, wenn er wirklich den Staatsstreich auszuführen plante?

Mochte es sein, wie es wollte: Es zahlte sich zuletzt aus, nicht mehr in Rom zu weilen, nicht betroffen zu sein von jenen Majestätsprozessen, mit denen Tiberius die halbe Stadt nun überzog. Pilatus' Judäa, immer im Windschatten der großen Ereignisse gelegen, zeigte seine Vorzüge: Es war so wichtig nicht und ein guter Ort zum Überwintern.

In jedem Fall würde es von Vorteil sein, die Ergebenheit des Statthalters gegenüber seinem Kaiser deutlich zu demonstrieren und dabei nicht zu vergessen, den Juden die Blamage von Cäsarea heimzuzahlen. Pilatus' Plan brachte beide Absichten zusammen.

# Der Präfekt II

Die römische Armee stand fest zu ihrem Kaiser. Tiberius hatte sein Feldherrntalent unter schwierigsten Bedingungen bewiesen, hatte selbst vor persönlichem Einsatz nicht zurückgeschreckt und stets dafür gesorgt, daß den Veteranen der Legionen die ihnen zustehenden Abfindungen pünktlich ausbezahlt wurden.

Soldat, der er war, machte Pilatus in seiner Verehrung für Tiberius keine Ausnahme. Um so mehr ging ihm die Feldzeichenaffäre des Jahres 26 nach. Nicht allein seine Stellung hatte man damals angegriffen, sondern auch die Ehre des Kaisers. Sie vor allem galt es wiederherzustellen.

Pilatus tat es, indem er dem Princeps vergoldete Schilde weihte. Nichts war auf ihnen figürlich dargestellt, nichts also verletzte das jüdische Bilderverbot, einzig und allein den Namen des Weihenden und wem sie geweiht waren ließ er eingravieren: »Geweiht von Pontius Pilatus zu Ehren von Tiberius Cäsar.« Aufgestellt wurden die Schilde im ehemaligen Palast des Herodes in Jerusalem, der nun der römischen Administration als Sitz des Statthalters diente.

Die Sitte der Weiheschilde war uralt und im ganzen Mittelmeergebiet verbreitet. Sogar die Juden Alexandrias hatten welche zu Ehren des Augustus an den Wänden der Synagoge befestigt. Delikat war das Vorgehen des Pilatus dennoch aus zwei Gründen. Zum einen hätte er jedem Konflikt dadurch aus dem Wege gehen können, daß er die Schilde im Statthalterpalast von Cäsarea plazierte, zum anderen war die Fahnenaffäre unvergessen, und deswegen vermutete jedermann eine Absicht hinter der schönen, den Kaiser erfreuenden Geste.

Diese Absicht war selbstverständlich vorhanden. Die Weiheschilde hatten nicht nur einen politischen, sondern auch einen religiösen Charakter. Sie wurden in der Regel den Göttern gestiftet, damit diese gemäß der Devise *do ut des* dem Schenkenden ihre Unterstützung gewährten. Zu diesen Göttern zählte auch der erste Princeps, Augustus, dessen Kult sein Nachfolger Tiberius in allen Teilen des Reiches entschieden förderte. Der große Augustustempel in Cäsarea war ein bedeutendes Zentrum des römischen Kaiserkults.

Zwar hatte Tiberius für seine Person deutlich gemacht, daß er keinen Wert darauf legte, seine Standbilder und Büsten in den Tempeln aufzustellen, hatte auch alle Bitten der Provinzialen zurückgewiesen, ihm zu Lebzeiten Kultstätten zu errichten (bis auf die der Provinz Asia, die im Jahre 23 ihm, dem Senat und seiner Mutter Livia ein Heiligtum errichtete), was aber würde sein, wenn der mittlerweile betagte Kaiser starb und wie seine Vorgänger vom Senat konsekriert, zum Gott erhoben würde?

Den Weiheschilden im Jerusalemer Palast des römischen Statthalters wäre dann eine neue Bedeutung zugewachsen: Mit ihnen hätte der Kaiserkult zum ersten Male in der heiligen Stadt Fuß gefaßt und damit das alte jüdische Privileg auf Exklusivität der Religionsausübung bedroht.

Der feingesponnene Plan ward rasch entdeckt. Eine Abordnung fand sich bei Pilatus ein, angeführt von vier Söhnen Herodes des Großen, darunter die Tetrarchen Herodes Antipas und Philippus, und verlangte die Entfernung der Schilde aus Jerusalem. Daß sich Herodes Antipas zum Wortführer der Frommen aufschwang, gab dem Protest eine politische Note. Gerade er, voll Ehrgeiz nach der Königskrone strebend, die sein Vater innegehabt, und darum in Pilatus das größte Hindernis vor seinem Ziele sehend, hatte am wenigsten Berechtigung, die Sache der jüdischen Orthodoxie zu vertreten. Seinen Palast in Tiberias hatte er mit Tierbildern geschmückt, die Stadt selbst teilweise auf Friedhofsgelände erbaut, beides Sakrilege. Damit nicht genug, hatte er seine Frau verstoßen und die seines Halbbruders geheiratet, die obendrein noch seine Nichte war. Johannes den Täufer, der ihn deswegen öffentlich kritisierte, ließ er hinrichten.

Pilatus weigerte sich, die Schilde fortzuschaffen, nach dem Buchstaben des jüdischen Gesetzes mit vollem Recht. Das Bilderverbot hatte er ebensowenig verletzt wie das erste Gebot »Du sollst dir keine anderen Götter machen neben mir«, denn Tiberius war kein Gott.

Die beiden Tetrarchen gaben nicht auf. Nun mußten ihre römischen Verbindungen herhalten, hatten doch beide lange in Rom gelebt und sich dort Freunde erworben. Sie hatten Erfolg. Zur großen Enttäuschung des Präfekten ordnete Tiberius an, die Schilde in den Augustustempel in Cäsarea zu überführen. Der Kaiser wollte auf seine alten Tage keine Machtprobe. Philos Bericht freilich, der davon spricht, daß Tiberius über Pilatus in Zorn geriet und Drohungen gegen ihn ausstieß, scheint maßlos übertrieben (Philo, Leg. ad Gaium 38). Hätte Tiberius so empfunden, hätte er den Präfekten einfach abgelöst.

Um notdürftig das Gesicht zu wahren, benannte Pilatus einen Flügel des Statthalterpalastes in Cäsarea nach dem Kaiser: Tiberieum. Das hatte Tradition. Auch Herodes der Große bezeichnete die beiden Flügel seines Palastes in Jerusalem nach seinen Gönnern Augustus und

Agrippa. Den Widmungsstein über diesen Vorgang und damit die einzige uns überkommene Pilatus-Inschrift entdeckte man 1961 in Cäsarea.

Aber diese Geste der Ergebenheit beeindruckte Tiberius ebensowenig, wie die Intervention des Herodes Antipas ihm imponierte. Als im Jahre 34 Philippus, Tetrarch der Gaulanitis und Trachonitis, kinderlos starb, gliederte der Kaiser dessen Gebiete weder an die römische Provinz Judäa an, noch schlug er sie Herodes Antipas zu; die Tetrarchie, obwohl Teil des alten herodianischen Königreichs, fiel an Syrien. Von dort her, dem Pfeiler des Imperiums gegen Osten, kam jener Befehl, der die Statthalterschaft des Pilatus jäh beendete.

# Orientpolitik

Im Frühjahr 54 v. Chr. überquerte Marcus Licinius Crassus, römischer Feldherr, Triumvir und in dieser Eigenschaft Herr des Ostens, ohne Kriegserklärung den Euphrat und fiel in das Reich der Parther ein.

Er plünderte ein wenig, schlug den örtlichen Satrapen Silakes in die Flucht, besetzte einige Städte und zog sich sodann wieder nach Syrien zurück. Dort erreichten ihn die Abgesandten des Orodes, des parthischen Großkönigs, die von ihm zu erfahren wünschten, welche Gründe ihn veranlaßt hätten, den Frieden zu brechen: »Handele es sich um einen Krieg Roms, so gäbe es keine Verhandlungen und Versöhnungen, sei es aber ein ›Privatkrieg‹ des Crassus um persönlicher Gewinnsucht wegen, so wäre eine Versöhnung möglich, man würde sich des Alters des Crassus erbarmen.« (Plutarch, Crassus 18)

Der spöttischen Frage erteilte Crassus die überhebliche Antwort, genaueres werde er den Parthern in Seleucia, der reichsten Stadt ihres Herrschaftsgebietes, mitteilen. Da streckte der Sprecher der Gesandtschaft seine Hand aus, wies auf den Handteller und sprach: »Eher werden hier Haare wachsen, Crassus, als daß du Seleucia zu sehen bekommst.« (ebd.)

Ein Jahr später war Crassus tot, dreiviertel seines stolzen Heeres gefallen oder gefangengenommen.

Die Katastrophe von Karrhae, so der Name der Schlacht, in der die Parther siegten, blieb jahrhundertelang das Trauma der römischen Orientpolitik. Zwar zeigten sich die Parther unfähig, die römische Niederlage auszunutzen, doch daß es jenseits des Euphrat ein Staatswesen gab, das imstande war, den Legionen Paroli zu bieten, traf das römische Selbstbewußtsein tief.

Die Parther, ein iranisches Reitervolk, hatten ein Reich aufgebaut, das, vom Euphrat bis zum Oxus reichend, ungefähr die Gebiete des heutigen Irak und Iran umfaßte. Die ständigen inneren Auseinandersetzungen, in die eine starke Aristokratie das meist schwache Königtum verwickelte, hinderten sie nicht daran, das Hauptziel ihrer Westpolitik, die Kontrolle Syriens und damit den Zugang zum Mittelmeer, mit Energie zu verfolgen. An materiellen und menschlichen Reserven den Römern keineswegs ebenbürtig, waren sie wegen ihrer Kampfkraft dennoch gefürchtet. Ihr Reiterheer, bestehend aus leichtbewaffneten Bogenschützen, vor allem aber ihre schwere Panzerreiterei, die Kataphrakten, trotzten in günstigem Gelände jeder römischen Legion.

In raschem Sturmlauf hatten sie 40 v. Chr. große Teile Kleinasiens, Syrien und Palästina überrannt und waren erst nach schweren Kämpfen wieder hinter den Euphrat gedrängt worden. Ein Gegenangriff, den der berühmte Marc Anton höchstpersönlich befehligte, blieb unter großen Verlusten schon in Armenien stecken.

In der Folgezeit stabilisierte sich das Verhältnis zwischen Römern und Parthern. 20 v. Chr. gaben sie die bei Karrhae erbeuteten Feldzeichen zurück, und beide Parteien akzeptierten den Euphrat als Grenze. Im Norden freilich blieb die armenische Frage. Dieses Königreich, strategisch wichtig als Einfallstor nach Mesopotamien, wurde zum Zankapfel, den sich beide Mächte anzueignen suchten.

Zur Zeit des Tiberius herrschte in Parthien Artabanos

II., der sich, ungewöhnlich für parthische Verhältnisse, fast 30 Jahre im Amte hielt. Der König bekämpfte seine innenpolitischen Widersacher mit Geschick, setzte in den Provinzen Abkömmlinge des eigenen Hauses als Satrapen ein und bemühte sich, diese Strategie auch in den umliegenden kleinen Königreichen anzuwenden.

Im Jahre 18 erhob er einen seiner Söhne zum König von Armenien. Das ging Tiberius zu weit. Er schickte Germanicus nach Osten, seinen Adoptivsohn und designierten Nachfolger, der die armenische Hauptstadt Artaxata eroberte und einen romfreundlichen König, Artaxes III., einsetzte. Artabanos II., wieder einmal durch eine Adelsrevolte außenpolitisch behindert, blieb nichts anderes übrig, als sich mit der Lage abzufinden.

Die durch Tiberius und Germanicus herbeigeführte Lösung hatte 17 Jahre lang Bestand. Im Jahre 35 aber starb Artaxes III. ohne Erben, und Artabanos II., im Vertrauen darauf, daß der hochbetagte, zurückgezogen auf Capri lebende Tiberius auf seine alten Tage keinen Krieg mehr riskieren würde, beförderte seinen ältesten Sohn Arsakes auf den armenischen Thron.

Dies, so ließ er in einer Botschaft an Tiberius verlauten, sei legitim, habe doch Armenien früher zum persisch-makedonischen Großreich gehört, als dessen Erbe er sich fühle und in dessen Grenzen er demnächst einrükken werde (Tac., Ann. VI 31). Die Gunst der Stunde fügte es zudem, daß der fähige Statthalter von Syrien, L. Pomponius Flaccus, just in diesem Jahre starb.

Der Parther unterschätzte den Kaiser. Tiberius hatte sich außenpolitisch an seinem Vorgänger Augustus orientiert und seinen Rat, man solle sich bescheiden mit den jetzigen Grenzen des Reiches (Tac., Ann. I 11), befolgt. Hier aber ging es um Bestandswahrung, mehr noch, es galt, der Gefahr einer Partherinvasion vorzubeugen.

Der Kaiser handelte unverzüglich. Lucius Vitellius, Konsul des Jahres 34 und Protegé des Tiberius, reiste sofort nach Syrien ab, um dort den Oberbefehl zu übernehmen. In seinem Gefolge befand sich der parthische Prinz Tiridates, der als Gegenkönig vorgesehen war. Und wirklich hatten bereits parthische Adlige, die an nichts weniger interessiert waren als an einem Machtzuwachs ihres Königs, mit Tiberius Kontakt aufgenommen und ihre Unterstützung zugesagt.

Vitellius löste seine Aufgabe glänzend. Während der von Rom designierte armenische König Mithridates mit einem Heer Arsakes aus Armenien vertrieb, bezog der Statthalter mit seinen Legionen eine Drohstellung am Euphrat, die Artabanos II. daran hinderte, in Armenien einzugreifen. Gleichzeitig brach die parthische Adelsrevolte los, Tiridates ward zum neuen Großkönig ausgerufen und Artabanos gezwungen, nach Osten zu fliehen. Dies war die Lage im Frühsommer 36.

Pilatus, könnte man meinen, sei von all diesen Verwicklungen nicht im mindesten berührt gewesen. Weder hatte er Hilfstruppen zu stellen, noch war sein Rat erbeten. Anzunehmen ist freilich, daß es ihn nicht besonders erfreute, seinen politischen Konkurrenten Herodes Antipas im Lager des Vitellius zu wissen. Aber der Tetrarch verfügte über gute Beziehungen im Partherreich, vor allem zu den jüdischen Gemeinden in den Städten Mesopotamiens, und war darum dem kaiserlichen Legaten nicht unwillkommen.

Urplötzlich aber brach der Sturm los, der den Präfekten in die eingangs geschilderten Wirren hineinwarf und in seinen Auswirkungen seine Laufbahn vernichtete.

Es begann relativ harmlos mit einer Empörung der Kieter in Kilikien, der heutigen Südtürkei. Vitellius schickte seinen Unterfeldherrn M. Trebellius mit

4000 Legionären und etlichen Hilfstruppen zu ihrer Unterdrückung. Mittlerweile aber schlug die Stimmung der parthischen Aristokratie um. Tiridates, der neue König, war ihnen durch seinen Romaufenthalt zu verweichlicht. Der arme Mann, dem rauhen Ton der Parther nicht gewachsen, umgab sich vorzugsweise mit gebildeten Griechen. Im Herbst 36 war Artabanos zornbebend und wutschnaubend mit einem frischen Heer wieder da, und Tiridates retirierte nach Syrien. Damit nicht genug, erschien diese mißliche Lage dem Nabatäerkönig Aretas IV. geradezu ideal, dem Herodes Antipas eine Rechnung zu präsentieren, die schon geraume Zeit auf Begleichung wartete.

Herodes Antipas, dessen Tetrarchie im Osten an das Reich des Aretas grenzte, hatte mit klugem staatspolitischem Weitblick dessen Tochter zur Frau genommen, und fortan war es an der Grenze ruhig. Weniger klug war es dann gewesen, sich in Herodias, die Frau seines Halbbruders, zu verlieben und ihr die Ehe zu versprechen. Empört war des Aretas Tochter zu ihrem Vater geflohen, der seitdem auf Rache sann. Jetzt griffen die Truppen des Aretas das Gebiet des Herodes Antipas an, wohl wissend, daß dieser abwesend war und Vitellius nicht imstande, Syrien zu verlassen. Das Heer des Herodes wurde geschlagen. Pilatus wird davon erfahren und seine Kohorten in Alarmbereitschaft gesetzt haben.

In diesem Augenblick erreichte ihn selbst der Sturm. Die Samariter, so wurde ihm gemeldet, zögen in großen Haufen bewaffnet auf den Garizim.

# Der Präfekt III

Der Berg Garizim, oberhalb des heutigen Nablus gelegen, wirkt mit seiner flachen Kuppe und seinen 881 Metern Höhe nicht sonderlich beeindruckend. Trotzdem war und ist dieser Berg damals wie heute den Samaritern der Mittelpunkt ihres Kosmos, das geographische Zentrum ihrer Theologie.

Nach ihrem Glauben ist der Garizim identisch mit Bethel, dem Ort, an dem Jakob die Himmelsleiter sah, Adam ist aus seiner Erde gebildet worden, Abel hat den ersten Altar auf ihm errichtet, Noah legte hier mit seiner Arche an, als die Flut zurückwich, und der Garten Eden, von dem die Juden behaupten, er habe auf dem Zionsberg gelegen, befand sich auf dem Garizim. Hier ist der Samariter dem Himmel am nächsten.

Als Gott die Israeliten aus Ägypten nach Kanaan führte, erbaute ihr erster König Josua einen prächtigen Tempel auf dem Garizim. Er und seine Nachfolger bis zu Anitel, dem Vorgänger Samsons, standen in der göttlichen Gnade. Danach nahmen die Sünden des Volkes so zu, daß Jahwe den Tempel samt den Kultgeräten in einer Höhle des Berges versinken ließ und den Eingang verschloß. Aber eines nicht zu fernen Tages wird der *Taheb* kommen, von dem es im fünften Buch Mose heißt: »Ich will ihnen einen Propheten... erwecken aus ihren Brüdern und meine Worte in seinen Mund geben; der soll zu ihnen reden alles, was ich ihm gebieten werde.« (18,18)

Er wird den verborgenen Tempel wieder entdecken, der aufsteigen wird als Zeichen dafür, daß das zweite Königreich nun angebrochen ist, jenes Königreich, in dem die Auserwählten siegen, die Verfolgungen und Demütigungen ein Ende haben und Israel von jeglicher Fremdherrschaft befreit sein wird.

Den rechtgläubigen Juden waren solche Ansichten ein Greuel. Obwohl die Samariter das Gesetz Mose anerkannten, den Sabbat heiligten und sich beschneiden ließen, galten sie als Heiden, schlimmer noch: als Renegaten, die sich mit persisch-medischen Ansiedlern vermischt hatten, während der bessere Teil des Volkes weinend an den Wassern Babylons saß. Zurückgekehrt aus dem Exil, hatten die Juden den Samaritern verboten, sich am Wiederaufbau des Tempels zu Jerusalem zu beteiligen, und was sie von diesen volksfremden Abkömmlingen hielten, kleidete Jesus Sirach mit ungezügelter Drastik in die Worte: »Gegen zwei Völker empfinde ich Abscheu, und das dritte ist kein Volk: die Bewohner von Seir und Philistäa, und ein törichtes Volk, das in Sichem wohnt (die Samariter, Anm. d. Verf.).« (L, 25 u. 26)

Während nun also Vitellius am Euphrat den Angriff des Artabanos erwartete und Aretas die Tetrarchie des Herodes Antipas brandschatzte, trat in Samaria ein Mann auf, der von sich behauptete, der Taheb zu sein. Eindringlich beschwor er das Volk, ihn auf den Garizim zu begleiten, wo er ihnen den verborgenen Tempel entdecken werde. Und so groß war die endzeitliche Erwartung der Samariter, daß nicht nur das gemeine Volk, sondern auch viele Vornehme zu den Waffen griffen, zum Garizim strömten, um dabeizusein und tätige Hilfe zu leisten, wenn das zweite Königreich gegründet würde.

Angesichts der allgemeinen Lage schien Pilatus sofortiges Eingreifen erforderlich. Er zog Truppen zusammen, Reiterei und Fußvolk, besetzte die Zugangswege, und als die Samariter heranrückten, fackelte er nicht lange, sondern »griff die Aufrührer an, hieb eine Anzahl von ihnen nieder, schlug den Rest in die Flucht und nahm noch viele gefangen, von welch letzteren Pilatus die Vornehmsten und Einflußreichsten hinrichten ließ.« (Jos., JA XVIII 4,1)

Zur Beurteilung dieser schroffen Vorgehensweise genügt es nicht, darauf zu verweisen, daß sich die Situation sogleich entspannt hätte, sobald der falsche Prophet als Lügner entlarvt worden wäre, getreu dem fünften Buch Mose: »Wenn der Prophet redet in dem Namen des Herrn, und es wird nichts daraus und es kommt nicht, das ist das Wort, das der Herr nicht geredet hat; der Prophet hat's aus Vermessenheit geredet, darum scheue dich nicht vor ihm.« (18,22)

Mit nur schwachen militärischen Kräften ausgestattet, die außerdem zu einem Gutteil aus Samaritern bestanden, wollte und durfte der Präfekt kein Risiko eingehen. Einer seiner Nachfolger im Amte, Felix, handelte genauso, als in Jerusalem ein falscher Prophet auftauchte, der seine Anhänger auf dem Ölberg versammelte mit dem Versprechen, die Mauern Jerusalems zusammenstürzen zu lassen und ihnen die Stadt zu übergeben. Gnadenloser als Pilatus metzelte Felix 4000 von ihnen nieder. Ebenso verfuhr Vespasian im Jüdischen Aufstand von 66 bis 70. Allein auf die Nachricht hin, daß die Samariter den Garizim besetzt hätten, wobei sie sich nicht von der Stelle rührten, beauftragte er eine halbe Legion unter Cerealius, die von ihnen ausgehende Gefahr abzuwenden, denn »die Versammlung an sich und ihre Absichten hatten den Charakter einer Kriegsdrohung.« (Jos., JK III 307) Da sie sich weigerten, die Waffen niederzulegen, stürmte Cerealius den Berg und tötete alle.

Wenig glaubhaft ist es deswegen, anzunehmen, daß Vitellius wegen dieser »Verfehlung« Pilatus nach Rom zurücksandte. Denn der Ablauf der Ereignisse war nun der, daß die Samariter eine Gesandtschaft zu Vitellius schickten, die wegen des Vorfalles den Präfekten anklagte, wobei sie ausführte, sie hätten sich nicht deshalb am Garizim versammelt, um sich gegen die Römer zu empören, sondern nur, um sich vor des Pilatus Ungerechtigkeiten zu schützen (Jos., JA XVIII 4,2). Eine Argumentation, die auch auf den zweiten Blick nicht besonders überzeugend wirkt.

Jedenfalls befahl Vitellius in seiner Eigenschaft als Oberbefehlshaber im Osten dem Präfekten, sich nach Rom zu begeben und dem Kaiser Rechenschaft abzulegen. Ein Freund des Vitellius, Marcellus, übernahm kommissarisch die Verwaltung der Provinz.

Der Hauptgrund für die Handlungsweise des Vitellius dürfte gewesen sein, daß sich der Legat außerstande sah, das Vorgefallene objektiv zu beurteilen – in solchen Fällen war es durchaus üblich, die streitenden Parteien an den Kaiser als die höchste Instanz zu verweisen –, zum anderen stand er, wir sind im Winter 36, unter starkem Druck, die parthische Frage zu einem passablen Abschluß zu bringen; Unruhen in Samaria konnte er jetzt am allerwenigsten brauchen.

So reiste Pontius Pilatus nach Rom und verschwindet damit aus der Historie. Nur dies wissen wir noch, daß Tiberius starb (16. März 37), bevor der Präfekt die Hauptstadt erreichte.

Ob er sich rechtfertigen konnte, was dann unter Caligula geschehen ist, ob man ihn verbannte – wir wissen es nicht. Spätere, christliche Legenden, mit Blick auf die Heilsgeschichte und Gottes langsam mahlende Mühlen verfaßt, berichten von seinem Selbstmord oder schicken ihn ins gallische Vienne in die Verbannung.

Vitellius meisterte die Situation im Osten. Im Frühjahr 37 trafen sich Artabanos II. und er im Zelt des Herodes Antipas auf einer über den Euphrat geschlagenen Schiffsbrücke. Der hier geschlossene Frieden hatte fast 80 Jahre Bestand. 39 kehrte Vitellius nach Rom zurück, bekleidete unter Caligula und Claudius hohe Ämter und wurde nach seinem Tod mit einer Statue geehrt, die die Inschrift trug: »Von unerschütterlicher Treue gegen seinen Kaiser« (Suet. Vit. 3).

Kaiphas, der sein Hohepriesteramt 18 Jahre lang innegehabt hatte und dem damit ein Kunststück an Beharrung gelungen war, wie es vor ihm und nach ihm in diesem Amt keinem glückte, wurde sein offenkundig zu enges Verhältnis zu Pilatus zum Verhängnis. Vitellius löste ihn ebenfalls ab.

Herodes Antipas schließlich wurde ein Opfer des Ehrgeizes seiner Frau Herodias. Sie drängte ihn, in Rom um einen Königstitel nachzusuchen. Statt ihm diesen zu verleihen, nahm ihm Caligula seine Tetrarchie und verbannte ihn nach Gallien.

Nehmen wir ruhig an, daß die beiden Gestürzten sich dort begegnet sind.

# Der Richter

# Nacht

Das Arbeitszimmer war schmucklos eingerichtet. Ein großer Tisch, ein Stuhl, mit Lederstreifen bespannt, ein Feldbett, wie es bei den Legionen, die am Donaulimes standen, in Gebrauch war, bildeten die ganze Möblierung. Den weißgekalkten Wänden entlang liefen Regale, auf denen sich in peinlicher Ordnung Holzkästen voller Papyri reihten.

Pilatus liebte die Ordnung, wie ein Blick auf seinen Arbeitstisch bewies. Nichts häufte sich da, nichts lag herum, nur ein sorgsam geordneter Stapel Wachstäfelchen wartete auf Notizen und rasche Anweisungen.

Das Feldbett erinnerte ihn an die Zeit, als er in Carnuntum in der XV. Legio Apollinaris diente. Es war, zugegeben, ein eher beschaulicher Abschnitt in ihrer Geschichte gewesen, in der die Legion die Hilfe ihres Schutzgottes nicht hatte in Anspruch nehmen müssen. Hin und wieder ein Grenzzwischenfall, wenn ein paar beutegierige Germanen ihren blondgelockten Liebsten mit aller Gewalt ein römisches Schmuckstück verehren wollten. Die aufregendsten Ereignisse waren die sporadisch ausbrechenden Kneipenschlägereien und die halbjährliche Inspektion des Provinzstatthalters. Ein einziges Mal nur war die behagliche Tatenlosigkeit durch einen jungen Tribun gestört worden, den es beständig nach Ruhm und Ehre dürstete. Man war ihn auf elegante Weise losgeworden, indem man ihn zum Befehlshaber einer Auxiliarabteilung ernannte und ihm einen Rekognoszierungsauftrag jenseits des Limes gab. Tribun und Abteilung sah man niemals wieder. Die Sümpfe und Wälder schwiegen sich über ihr Schicksal beharrlich aus. Freilich hatte die Legion ihr Spähernetz nicht über Gebühr strapaziert. Römische Bürger waren nicht zu Schaden gekommen, und die Armee hatte noch genügend hitzköpfige Tribunen in Reserve.

Ein wunderbarer Druckposten und ehrenvoll dazu. Pilatus ging im Zimmer auf und ab. Was hatte ihn veranlaßt, diesen aufzugeben?

Pilatus zuckte die Schultern; müßige Gedanken. Auf die Nerven gefallen war ihm die Lagerstadt. 500 mal 400 Meter im Geviert, in dem sich 6000 Mann beständig auf die Füße traten. Weit und breit nichts, was das Leben angenehm machte. Das Angebot, ein Kommando bei den Prätorianern zu übernehmen, kam da gerade recht.

Nur daß Sejan ihm diese Stellung antrug, war ihm übel aufgestoßen. Sejan, dieser ewige Besserwisser, der Prahler und Protz. Sejan, dem alle zu jeder Zeit eine große Karriere prophezeiten und dem es, beim großen Zeus, dann wirklich glückte, sich hineinzuschleimen ins Zentrum der Macht, unentbehrlich zu werden dem Cäsar Tiberius.

Sejan also hatte ihm jene großzügige Hand entgegengehalten, auf deren Fläche es so verführerisch blinkte. Den Tiber statt der schmutzigen Fluten der Donau. Die Hauptstadt der Welt gegen ein langweiliges Garnisonsnest. Aber daß es gerade Sejan sein mußte, dieser strahlende Mittelpunkt jedes Kreises der besseren Gesellschaft, der ihm, als er damals im Begriffe stand, nach Norden zur XV. zu reisen, auf die Schulter geschlagen und ihm, dem Jüngeren, der doch gehörig stolz auf diese nicht unbedeutende Aufgabe war, gönnerhaft geraten hatte, nicht zu verzagen, bald werde er, Sejan, für bessere Kost an besserem Orte sorgen, war ihn hart angekommen.

Natürlich war Pilatus trotzdem nach Rom zurückgekehrt, hatte seinen Dank förmlich bei der Ernennung und herzlich im privaten Kreise abgestattet und war somit ein Parteigänger des Prätorianerpräfekten geworden, fast schon ein Vertrauter, denn schließlich kannte man sich seit längerem.

Wenn er es aber recht bedachte, war die Rechnung für Sejan nicht aufgegangen. Pilatus erledigte zwar seine dienstlichen Pflichten zur Zufriedenheit, zeigte sich jedoch auf dem Gebiete des Politischen, wo sich Sejan in ihm eine helfende Hand und vertraute Seele heranzubilden gehofft hatte, seltsam indifferent. All dieses Parteiengezänk, in das ihn der Präfekt tagtäglich einzuweihen suchte, all diese Machtkämpfe um Einfluß und Zugang zum kaiserlichen Thron waren so uninteressant ja nicht. Selbst die Rolle im zweiten Glied, die man ihm zugedacht, er hätte sie für jeden andern wohl gespielt – im Falle des Sejan war es ihm schier unmöglich.

Pilatus hob das Glas an die Lippen. Die Weine dieser Juden waren gut.

Daß er den Sejan so wenig leiden mochte. Was hatte ihn an diesem Mann gestört? Die Leichtigkeit, mit der ihm alles zugefallen, was er, Pilatus, sich mühsam erst erkämpfen mußte? Die Selbstverständlichkeit, mit der Tiberius den Sohn an die Stelle des Vaters setzte, die Prätorianerpräfektur gleichsam im Erbgang bestellte?

Genug davon. Sie hatten sich entfremdet, und als Pilatus seine Bereitschaft zu erkennen gab, dem römischen Imperium auch außerhalb der Mauern der Stadt Rom zu dienen, war etwas wie Erleichterung von seiten des Präfekten zu spüren gewesen. Fast herzlich war ihr Verhältnis dann geworden, und mehr als einmal hatte Sejan für Pilatus sich bei Tiberius verwandt.

Der Posten, der ihm schließlich zugefallen, der roch ganz nach Sejan. Sejan war tückisch und ein falscher Hund, dumm konnt' ihn keiner nennen. Die Rechnung, die, zu seinem Vorteil, klar, er drum entwarf, hieß, daß Pilatus mit gutem Anstand zu entfernen sei, jedoch derart, daß dem Präfekten daraus noch ein Gewinn erwachse. Indem er ihm die Statthalterschaft von Judäa bot, erhielt er beides. Pilatus war von Rom entfernt, dem Sejan verpflichtet und von ihm abhängig. Denn ohne ihn, beim großen Donnerer Jupiter, war an ein Entweichen aus der jüdischen Mausefalle nicht zu denken.

Pilatus ging zur Rückwand seines Arbeitszimmers, an der die Karte der östlichen Provinzen des Reiches hing.

Er hatte nicht auf Ägypten gehofft, nicht auf jene Provinz, die die Krönung der Laufbahn eines römischen Ritters darstellte, das Pharaonenland, aus dem noch jeder Gouverneur millionenschwer nach Rom zurückgesegelt war. Das Kommando über eine der ägyptischen Legionen hätte ihm gereicht, sein Traum wären die Balearen gewesen, wohlhabende Inseln, auf denen sich der Ausgleich von Schulden erfolgreich betreiben ließ. Judäa hingegen, das war trocken Brot.

Pilatus betrachtete die Karte.

Syrien war wichtig. Die Euphratgrenze und die römischen Interessen in Armenien wurden von hier gedeckt. Seinem Kollegen Pacuvius unterstanden nicht weniger als vier Legionen. Syrien war der östliche Pfeiler des Imperiums. Die zweite Provinz, an die Judäa grenzte, war Ägypten, die Kornkammer Roms. Das Wohlverhalten der römischen Plebs war den ägyptischen Weizenlieferungen zu danken. Daß diese pünktlich eintrafen, garantierten zwei römische Legionen. Die Verbindung zwischen den militärisch und für die Versorgung unverzichtbaren Provinzen Ägypten und Syrien stellte Judäa dar. Die Provinz, der Pilatus als Präfekt vorstand, war schlichtweg unbedeutend. Lange nachdem Rom seine Vormachtstellung im Osten durch die Eroberung der beiden Nachbarprovinzen begründet, hatte es sich mürrisch entschlossen, einen Teil Palästinas der römischen Herrschaft direkt zu unterstellen. Ohne Begeisterung, vielmehr aus staatspolitischer Notwendigkeit.

Herodes der Große, der letzte König von Judäa, hatte in seiner Person die für Rom ideale politische Formel präsentiert. Er unterstellte sich dem römischen Senat und wurde dafür in aller Form als Herrscher Palästinas anerkannt. Die jährlichen Tribute gingen regelmäßig ein; um die inneren Angelegenheiten sowie das gelegentliche Zurückschlagen arabischer Stämme kümmerte sich der König mit Geschick. Vereinzelte Entgleisungen, so hatte er einmal aus schwer nachvollziehbaren Gründen in einem kleinen Flecken namens Bethlehem ein unappetitliches Massaker an Neugeborenen inszeniert, sah ihm Augustus nach. Ein wirkliches Palästinaproblem ergab sich erst nach dem Tode des Herodes. Daß er sein Königreich unter seine drei Söhne aufteilte, war nicht weiter schlimm, aber es erwies sich als störend, daß sich einer der drei, Archilaos, als ausgesprochener Versager herausstellte, in seinem Herrschaftsbereich die öffentliche Ordnung Schaden litt und Beschwerden über seine Amtsführung im römischen Senate vorgetragen wurden. Da Archilaos ausgerechnet über den wichtigsten Teil Palästinas gesetzt war, in dem die bedeutendsten Städte des Landes, Cäsarea und Jerusalem, lagen, konnte Augustus der Versuchung nicht widerstehen, es einmal mit der direkten römischen Herrschaft zu probieren. Sparsam wie er war, stattete er die neueingerichtete Provinz mit nur sechs

Auxiliarkohorten aus sowie einem Statthaltersalär, das das Vorhandensein eines größeren Vermögens zwingend voraussetzte.

Pilatus prostete sich selbst zu und schenkte nach. Darin immerhin hatte ihm Fortuna zugelächelt. Die Mitgift seiner Frau hatte ihn zum vermögenden Mann gemacht.

Und wenn er dankend abgelehnt hätte, in Rom geblieben wäre? Die Antwort fiel leicht: Dann wäre es ihm wie Sejan gegangen, einen Kopf kürzer und ab in den Tiber. Aber das war post festum geurteilt. Damals war es ihm um anderes gegangen. Die erdrückende Nähe Sejans hatte er verlassen wollen, um auf einem Felde zu reüssieren, auf dem er nach des Prätorianerpräfekten Meinung zum Scheitern verdammt war.

Pilatus ging unruhig im Zimmer auf und ab.

Hatte er Erfolg gehabt? Bei der öffentlichen Bautätigkeit war ihm nichts vorzuwerfen. Die Straßen waren in vorzüglichem Zustand, das jahrhundertealte Problem der Wasserversorgung Jerusalems durch die Erbauung eines Aquädukts gelöst. Von diesen Dingen, auch von Finanzen und vom Militär verstand er was.

Dagegen hatte er sich die Mühe nicht gemacht, in jenen Wirrwarr einzudringen, der sich als jüdische Religion bezeichnete. Wohl gab es keinen Götterhimmel, in der Beziehung war das jüdische Denken nur allzu klar, was aber dieser eine Gott an Ge- und Verboten dekretierte, das entbehrte nach des Pilatus Meinung jeder Sinnhaftigkeit. Die diesbezüglichen Gespräche mit den jüdischen Schriftgelehrten ermüdeten ihn unsäglich; und hatte er anfangs mit dem Vorsitzenden des Großen Sanhedrin, dem Hohenpriester Kaiphas, das eine oder andere philosophische Theorem erörtert, so ließ er's später ganz und beschränkte die Unterhaltung aufs rein Politisch-Praktische.

Das hatte Nachteile. Pilatus gab es zu. Manche Auseinandersetzung, mancher Zusammenstoß hätten sich vermeiden lassen. Gesichtsverluste waren nicht ausgeblieben, denn anders als bei seinen Kollegen im Norden und im Süden war seine Fähigkeit zum Säbelrasseln durch seine schwache Truppe sehr begrenzt. Zudem saß ihm der zweite Herodessohn, Herodes Antipas, der als Tetrarch Galiläa und Peräa beherrschte, beständig im Nakken, indem er keine Gelegenheit ausließ, Tiberius gegenüber zu betonen, daß nur ein eingeborenes Geschlecht den nötigen Takt und die vertiefte Kenntnis aufbringe, das empfindliche und darum schwierige Volk der Juden zu regieren.

Das Argument mochte in Rom verfangen, hier in Judäa hatte es wenig Gewicht. Oder zeugte es von Verständnis jüdischer Sitte und Moral, die eheliche Bindung so gering zu achten, wie es der Herrscher von Galiläa tat? Die unbescholtene Gattin hatte er verstoßen, um die Frau des Halbbruders zu heiraten. Das Skandalon ward kleiner nicht, wußte man, daß sie gar seine Nichte war. Und wenn man noch die Umstände bedachte, die diesem Wüstenheiligen, auf dessen Namen Pilatus sich zu besinnen nicht vermochte, den Kopf gekostet hatten! Auf einer goldenen Schüssel serviert – als Dank für einen Tanz! Nein, Herodes Antipas war ein schlechter Politiker. Solange er derlei aufführte, wog die von ihm ausgehende Gefahr nicht schwer.

Pilatus empfand bleierne Müdigkeit. Die Atmosphäre Jerusalems behagte ihm auch diesmal nicht. War Cäsarea, seine Hauptstadt, römisch nicht, so war sie immerhin doch griechisch. Der strengen Orthodoxie der jüdischen Metropole zog er das unverbindliche Kosmopolitentum der Hafen- und Handelsstadt bei weitem vor. Die Pflicht des Statthalters, Recht zu sprechen und die in der Stadt gelegene Kohorte zu inspizieren, gebot ihm den Aufenthalt. Noch einen Tag, noch diesen Freitag, mochten die Juden dann ihr Passah feiern, er reiste dahin ab, woher er gekommen war.

Und noch ein weiterer Grund trieb ihn zurück nach Cäsarea. Die Nachricht vom Sturze des Sejan, der sich drei Tage nach den Iden des Oktober zutrug, sie hatte ihn erst Ende November erreicht. Die Briefe enthielten nicht die ganze Wahrheit; sie waren allzu vorsichtig und unpräzis. Da jetzt noch keine Schiffe fuhren, hatte er Martinus, seinen Adjutanten, auf dem Landweg nach Rom geschickt, genauere Kunde einzuholen. Bisher war er nicht eingetroffen, doch täglich erwartete Pilatus ihn zurück.

Was war geschehen? Was hatte den Sejan gefällt? War denn nicht alles auf dem besten Wege? Das letzte Jahr hatte dem Prätorianerpräfekten Triumphe über Triumphe gebracht. Bestimmt zum Konsul, der dem Jahr dem Namen gab, begann er es; der Kaiser stimmte endlich der Verbindung seiner Nichte Livilla mit Sejan zu; und schließlich war ihm das prokonsularische Imperium verliehen worden. Sein Wort war außerhalb Italiens das Wort des Kaisers. Und plötzlich dieser Sturz – statt der versprochenen tribunizischen Gewalt, die ihn dem Kaiser gleichgestellt, die Anklage des Verrats. Am selben Tag noch abgeurteilt und hingerichtet, die Leiche tagelang durch Rom geschleift.

Pilatus kannte Tiberius genügend. Es wurden jetzt die Hunde losgelassen, das Wild zu treiben in den Straßen Roms. Sejan gekannt zu haben war nun ein Verbrechen, private Korrespondenz war Hochverrat. Was tat's, daß nichts in ihr enthalten war. Gab's Freundschaft, gab es auch Kuriere, und just das Ungeheuerliche vertraute man der Schriftform selten an. Daß er ihn nicht gemocht, wie sollt' er es beweisen, daß er gar nichts gewußt, wer glaubt' es ihm? Und wenn es richtig war, daß der Sejan in seiner Gier nach Macht und Thron selbst des Tiberius Sohn, den tapfern Drusus, mit Gift ermordet hatte, wer konnt' es wagen, mit Verteidigung den Schmerz des Vaters zu beleidigen?

Pilatus hatte keine Freunde mehr in Rom und keine an des Kaisers Hof. Trotz inneren Abstands hatte er Sejan die Stange doch gehalten, still darauf vertrauend, daß dieser wüste Intrigant gewinnen möge. Nie hatte es ihn verlangt, genau zu wissen, wie es denn kam, daß auf wundersame Weise alle, die ihn beim Aufstieg störten, aus dem Leben schieden.

Pilatus warf sich auf sein Feldbett. Traf alles zu, was in den Briefen stand, dann war Sejan Tiberius gleich einem Gimpel in das Netz gegangen. Kein Schwert, das sich zu seinem Schutze hob, die Prätorianer eingekauft mit hohen Summen, kein Kommandeur, der seinen Kerker mit frisch herangeführten Truppen sprengte.

Es gab nichts Sicheres auf dieser Welt. Der Statthalter von Judäa schlief sehr schlecht in dieser Nacht.

# Morgengrauen

Es war nicht einmal Tag, da weckte ihn sein Leibsklave. Ein junger Offizier bitte vorgelassen zu werden, er bringe wichtige Botschaft. Veranlaßt durch den Hohenpriester Kaiphas, sei heute nacht ein Mann verhaftet worden, der lange schon des Großen Sanhedrin Geduld aufs äußerste gereizt: Jesus von Nazareth, der Wundertäter und Prophet, den seine Anhänger für den Messias hielten. Der Vater Kaiphas' habe ihn zuerst verhört und ihn, als er ihn störrisch fand, dem Rat der Hohenpriester überstellt. Zur Stunde werde gegen ihn verhandelt, das Urteil laute wohl auf Tod.

Pilatus warf das Milchgesicht hinaus. Den Zorn des Kaisers abzuwenden, fehlten ihm die Mittel, den Schlaf sich rauben zu lassen von einem jüdischen Propheten, das braucht' er nicht. Der Nazarener war ein Narr und ungefährlich. Er rief nicht zum Steuerboykott auf und anerkannte die Oberhoheit des Kaisers. Was wollte man mehr. Gefährlicher waren die Zeloten, die Radikalen, die nach der Unabhängigkeit Judäas beständig plärrten und gelegentlich sogar einen angetrunkenen Zenturio um die Ecke brachten. Ein solches Früchtchen, Barabbas mit Namen, saß grade ein und würde heutigentags seine verdiente Strafe finden. Bis zum Beginn der Gerichtsverhandlung war noch etwas Zeit, und mit Genuß empfahl Pilatus sich wiederum dem Gott des Schlafes.

# Tag

Diesmal war es nicht der Milchbart, der ihn weckte. Rufus Petrellius, Befehlshaber der Antonia, der römischen Burg, die Jerusalem überkrönte, ließ sich melden. Er bitte um Verzeihung, es stehe eine Masse Volks vor dem Palast, und einige Mitglieder des Großen Sanhedrin wünschten ihn zu sprechen.

Pilatus war hellwach. Den Sklaven schickte er nach einem Frühstück, den Tribun bat er um einen Bericht. Der Sachverhalt war demnach, daß vor dem Amtssitz des Präfekten eine Abordnung, begleitet von einer vielköpfigen Menge, die Bestätigung eines Urteils fordere, das der Hohe Rat vor Stunden erst über den Jesus von Nazareth gefällt. Das Urteil habe auf Tod wegen Gotteslästerung gelautet. Denn auf die Frage, ob er Gottes Sohn sei, habe der Angeklagte nach Auskunft eines Informanten geantwortet: »Ich bin's; und ihr werdet sehen des Menschen Sohn sitzen zur rechten Hand der Kraft und kommen mit des Himmels Wolken.« (Markus 14,62)

Pilatus kaute mit vollen Backen. Eier und Brot spülte er mit großen Schlucken *mulsum* hinunter. Was für ein Blödsinn! Kaiphas hatte als Zeichen der Empörung seine Gewänder zerrissen, das hätte er gern gesehen. Er wischte sich den Mund mit einem Tuch und befahl die Abordnung in den Audienzsaal.

Minuten später kehrte der diensttuende Zenturio zurück. Die Ältesten und Rabbis bedauerten sehr, das Haus des Präfekten nicht betreten zu können, angesichts des bevorstehenden Passahfestes bleibe ihnen jedoch nichts anderes übrig, da sie sonst unrein würden und dem abendlichen Passahmahl entsagen müßten.

Pilatus seufzte. Das eben war Judäa, hier mußte sich der Statthalter, falls gewünscht, selbst zu seinen Untertanen bemühen. Und schon wurde es heiß. Pilatus spürte die Wirkung des gestern nacht genossenen Weins. Geschlafen hatte er auch zu wenig.

Papirius, sein Rechtsberater, schob sich in den Vordergrund. Den Juden, legte Papirius dar, gehe es nur um die Bestätigung des Todesurteils. Erfülle der Präfekt den Wunsch des Sanhedrin, würde er die Angelegenheit ganz rasch vom Halse haben.

Pilatus lehnte heftig ab. Wer war er denn, daß man ihm derart kommen konnte? Herausgebrüllt von einer Menschenmenge, sollte er, Pilatus, Stellvertreter Roms, auf diesem Platz erscheinen und willig wie die Marionette, die ohne Einfluß auf die Fäden ist, an denen sie hängt, ein Urteil flugs bestätigen. Das ging nicht an.

Pilatus befahl, den Richterstuhl vor den Palast zu tragen. Als er heraustrat, blendete ihn die Sonne. Die Menge, tausendköpfig, füllte den ganzen Platz. Vor ihm die Abordnung, rechts der Nazarener, umringt von Tempelgarden. Der sah nicht gut aus, müde und verschwollen im Gesicht, man hatte offensichtlich schon seinen Spaß gehabt mit ihm.

Pilatus setzte sich, und arglos stellte er die Frage, welche Verbrechen man dem Angeklagten anlaste. Die Antwort, die ihm ein würdiger Priestergreis, vor allem Volke, wohlgemerkt, kurz angebunden gab, verblüffte ihn nicht wenig.

»Wäre dieser nicht ein Übeltäter«, sprach der Mann

mit Schärfe, »wir hätten ihn dir nicht überantwortet.« (Johannes 18,30)

Solche Antwort war schon mehr als nur ein starkes Stück. Sie war bei Licht besehen eine glatte Unverschämtheit. Der Statthalter möge doch, hieß das, gefälligst der Urteilskraft des Großen Sanhedrin vertrauen, den Fall nicht untersuchen, das Urteil einfach nur bestätigen. Punktum.

Pilatus schwoll der Kamm. War dieser Priester denn verrückt geworden? Was wurde hier gespielt, was ging hier vor? Warum die ungebührliche Eile, warum die große Hast, den Angeklagten abzutun? – Er brauchte Zeit, um diese Situation zu meistern. Zunächst jedoch galt es, dem Priester seinen Platz zu zeigen, und ruhig gab er zurück:

»So nehmt ihr ihn hin und richtet ihn nach eurem Gesetz.« (Johannes 18,31) Das war nicht schlecht herausgegeben. Das breite Grinsen des Papirius stand dafür. Die großzügige Offerte war ohne jeden Wert. Die Todesstrafe anzuordnen war einzig und allein der Statthalter befugt, was jedem, und dem Großen Sanhedrin erst recht, hinlänglich bekannt. Die Antwort des Pilatus lautete demnach, daß, wolle man dem Nazarener 50 Peitschenhiebe geben, das Angelegenheit der Juden sei, Pilatus mithin nichts angehe, daß aber, so man die römische Administration der Todesstrafe wegen belästige, dies zu den Bedingungen zu geschehen habe, die er, Pilatus, vorgebe.

Wie nicht anders zu erwarten, lenkte die Abordnung ein. Man verzichte darauf, erklärte man, den Fall als innerjüdisch zu betrachten. Wenn es der Statthalter also wünsche, werde man ihm die Anklagepunkte im einzelnen vortragen. – Pilatus lehnte sich zurück und winkte lässig mit der ringgeschmückten Hand. Der ordentliche Prozeß hatte endlich begonnen.

Die Anklage lautete auf Landfriedensbruch, Aufruf

zum Steuerboykott und Hochverrat infolge der Aneignung des Titels eines jüdischen Königs. Pilatus, einigermaßen erstaunt über diese Massierung von Vorwürfen, von denen jeder einzelne ausreichte, den Angeklagten zum Tode zu verurteilen, unterbrach sofort die Sitzung und zog sich unter dem Vorwand einer ausführlichen Befragung des Nazareners mit würdevoller Langsamkeit in den Palast zurück.

Dort angekommen, entwickelte er eine hektische Aktivität. Er befahl, den Nazarener einstweilen beiseite zu schaffen, seinen Beraterstab, insonderheit den Chef der Geheimpolizei, zusammenzurufen – auch Alexander, sein Berater in religiösen Fragen sei hinzuzuziehen, die Garnison in Alarmzustand zu versetzen und ihm stante pede die Akte Jesus zu bringen. Die erste und die letzte Anordnung ließen sich am schnellsten bewerkstelligen. Der ihm übergebene Papyrus hatte freilich einen solchen Umfang, daß es Pilatus bald aufgab, fortlaufend lesen zu wollen. Ohnehin waren ihm die Berichte allesamt suspekt. Vorzugsweise schilderten sie Wundertaten dieses Jesus, der, nach den Protokollen zu urteilen, nicht nur die Heilkundigen beschämte, indem er reihenweise Krüppeln und Blinden zur Gesundheit verhalf, sondern auch als Nahrungsmittelmehrer nicht seinesgleichen hatte. Politisches fand sich nicht, manches war menschlich sehr anrührend, zeugte jedoch von wenig Einsicht in die menschliche Natur. Man solle seinen Nächsten lieben wie sich selbst, hatte er gepredigt, und daß im Orkus die Letzten die Ersten sein würden. Der Nazarener hatte offensichtlich eine stille Liebe fürs gemeine Volk; einige Blätter weiter hatte ein Spitzel einen seiner Aussprüche wörtlich festgehalten: Es sei eher möglich, stand da geschrieben, daß ein Schiffstau durch ein Nadelöhr passe, als daß ein Reicher in das Himmelreich, was immer das sein mochte, komme. Pilatus lachte, der bildkräftige Vergleich gefiel ihm. Ansonsten fand er seine Einschätzung bestätigt – ein verschrobener Idealist und Menschenfreund, ergo ungefährlich.

Weshalb aber wütete der Große Sanhedrin dermaßen gegen Jesus, daß er ihn unbedingt hinrichten lassen wollte? Weshalb konstruierte er eine politische Anklage, die doch nach Lage der Dinge unhaltbar war? Und warum ließ er ihn gerade jetzt verhaften, und vor allem, warum hatte ihn der Hohe Rat über die gegen den Nazarener geplanten Schritte nicht informiert?

Der Zenturio der Wache riß den Präfekten aus seinen Gedanken. Der Beraterstab sei in der großen Halle versammelt.

Pilatus stellte nur eine einzige Frage: Was hier gespielt werde, wolle er wissen. Der Chef der Geheimpolizei begann zuerst zu sprechen. Man habe wohl die Situation falsch eingeschätzt, in der sich die jüdische Priesterschaft befinde. – Man, dachte Pilatus, der meint mich. – Im Gegensatz zu den weltabgewandten Bußpredigten Johannes des Täufers – genau, dachte Pilatus, das ist der Name, der mir letzte Nacht nicht einfallen wollte, der Wüstenprophet, dessen Kopf als Preis herhalten mußte für Salomes Tanz – fühle sich die Priesterschaft durch Jesus offenbar religiös unter Druck gesetzt, was hier in Jerusalem immer auch ein Politikum, eine Frage von Macht und Ansehen sei. Da der Nazarener die Priesterschaft in ihren Ämtern angegriffen, im Falle der sogenannten Tempelreinigung, der Bericht habe Pilatus vorgelegen, sogar ihre Pfründen bedroht und zunehmend Anhänger gewonnen habe, sehe sich die Priesterschaft veranlaßt, gegen diese Gefährdung ihrer Machtstellung vorzugehen. Solange der Nazarener, wie übrigens der Täufer auch, in abgelegenen Gegenden gepredigt habe, habe man Milde walten lassen. Jetzt jedoch, da er in Jerusalem bereits auf den Stufen des Tempels das Volk betöre, sei es mit der stillschweigenden Duldung vorbei, und eben deswegen habe der Große Sanhedrin so schnell und unter Mißachtung der sonst vorgeschriebenen Gesetze gehandelt. Dies sei ein politischer Prozeß.

Pilatus entließ die Versammlung. Darum hatte ihn Kaiphas bei ihrem letzten routinemäßigen Zusammentreffen so dringlich gebeten, sein Augenmerk auf das, wie er es nannte, Problem Jesus zu richten. Pilatus hatte es beiseite gewischt, hatte es nicht für wert befunden, einer tieferen Analyse unterzogen zu werden. Und diese Tempelreinigung... Er erinnerte sich nur dunkel an den Vorgang. Blamabel das Ganze. Anscheinend war ihm ein Fehler unterlaufen. Und Kaiphas handelte also nun auf eigene Faust.

Pilatus roch den Ärger. Ließ er den Nazarener laufen, hatte er die gesamte Priesterschaft auf dem Hals, verurteilte er ihn zum Tode, obwohl die gegen ihn erhobene Anklage jeder Grundlage entbehrte, präsentierte er sich in aller Öffentlichkeit als gefügiges Werkzeug der jüdischen Theokratie.

Pilatus seufzte. Er hätte alles etwas früher wissen müssen; nun gingen die Dinge ihren Gang und er mit ihnen.

Er befahl, den Angeklagten vorzuführen. *Audiatur et altera pars*, so hatte er es bei seinem Lehrer, dem allzu früh verstorbenen Aristennes, gelernt.

Jesus sah noch immer übermüdet aus. Wenigstens waren die Schwellungen im Gesicht etwas zurückgegangen. Da sich freilich auch die römischen Kerker nicht durch übertriebenen Komfort auszeichneten, machte der Aufzug des Gefangenen einen recht derangierten Eindruck.

Pilatus wies ihm einen Platz in gebührender Entfernung zu. Der Hauptpunkt der Anklage war die Usurpation des Königstitels. Seit Herodes des Großen Tod gab es keinen jüdischen König mehr. Seine Söhne Herodes Antipas, der über Galiläa und Peräa herrschte, und Philippus, der über die östlichen Provinzen Trachonitis und Auranitis gesetzt war, hatten nur den Titel Tetrarch verliehen bekommen. Wer immer den Anspruch erhob, jüdischer König sein zu wollen, stellte die römische Herrschaft in Judäa in Frage. Das war Hochverrat.

Machen wir's kurz, dachte Pilatus und stellte die entscheidende Frage: »Bist du der Juden König?« (Johannes 18,33)

Anstatt pflichtschuldigst Auskunft zu geben, fragte der Angeklagte Pilatus, ob er das wirklich selbst glaube?

Das ist ein Tag, dachte Pilatus.

»Was ich glaube oder nicht«, sagte Pilatus, »steht hier nicht zur Debatte. Gegen dich wird seitens des Großen Sanhedrin Anklage auf Hochverrat erhoben. Äußere dich dazu.«

Die Antwort des Angeklagten war allerdings nicht sehr geeignet, den Sachverhalt eindeutig zu klären.

Jesus sagte: »Mein Reich ist nicht von dieser Welt. Wäre mein Reich von dieser Welt, meine Diener würden kämpfen, daß ich den Juden nicht überantwortet würde.« (Johannes 18,36)

Das klang logisch, entwaffnend und barg doch einen Stachel. War des Nazareners Reich nicht von dieser Welt, so behauptete er immerhin, ein Reich zu haben. Pilatus fragte daher: »So bist du dennoch ein König?« (Johannes 18,37)

Jesus antwortete: »Du sagst es, ich bin ein König. Ich bin dazu geboren und in die Welt gekommen, daß ich für die Wahrheit zeugen soll. Wer aus der Wahrheit ist, der höret meine Stimme.« (Johannes 18,37)

Beim Merkur, dachte Pilatus, der soll eine politische Gefahr darstellen? Dieser abgerissene Provinzprophet, der das Problem des Erkennens einfach dadurch aufhob, daß er es durch Glauben ersetzte? Ob dieser Hinterwäldler, dem Zweifel an seiner Wahrheit vollständig fremd zu sein schienen, je von den zehn skeptischen Tropoi des Pyrrhon gehört hatte?

»Wahrheit«, sagte Pilatus achselzuckend, »was ist Wahrheit?« (Johannes 18,38) und konnte sich nicht enthalten, aus dem fünften Tropus zu zitieren: «Es gibt keine Wahrheit. Denn das nämliche gilt den einen als gerecht, den anderen als ungerecht, den einen als gut, den anderen als bös. Unsere Parole also sei: Zurückhaltung des Urteils über die Wahrheit.« (Diogenes Laertius IX 83 u. 84)

Der Nazarener wollte antworten, doch Pilatus beendete das Gespräch abrupt. Nicht zum Philosophieren sei man zusammengekommen. Er befahl die Fortsetzung des Prozesses und verließ den Palast.

Die Menschenmenge war größer geworden. Der Große Sanhedrin hatte nichts von seiner Kunst verlernt, die eigene Meinung als die des Volkes auszugeben.

Pilatus nahm auf dem Richterstuhle Platz. Sie irrten allesamt, schätzten die eigene Macht und Stellung zu gering. Der Nazarener war politisch eine Null. Die religiösen Streitigkeiten aber gingen Rom nichts an. Der Büttel dieser Priester war er nicht und wollte es nicht sein. Pilatus wandte sich an die jüdische Abordnung und sprach, daß er nichts entdeckt habe, was dem Angeklagten in bezug auf die vorgetragenen Anschuldigungen zur Last gelegt werden könne.

Die Abordnung stand wie versteinert. Dann faßte sich ihr Sprecher. Eindringlich beschwor er Pilatus, die Lehre des Nazareners bedeute Hochverrat. Mochte der Angeklagte selbst es leugnen, so fanden seine Worte doch Gehör im Volk, und eben dieses Volk verstehe nicht, zwischen echten und falschen Propheten zu unterscheiden, vermische Göttliches und Irdisches auf ungute, ja gefährliche Weise. Größere und immer größere Kreise ziehe diese Massenbewegung, werde von Tag zu Tag einflußreicher. Niemand hätte diese Bedrohung gesehen, damals, als der Nazarener im entfernten Galiläa zu predigen begann. Jetzt aber sei er in Jerusalem, und niemand dürfe dem Großen Sanhedrin verbieten, das eigene Ansehen zu verteidigen. Die Würde des Rats, die auch der römischen Herrschaft zugute komme, sei aufs tiefste verletzt. Nur die Verurteilung des Angeklagten stelle sie wieder her.

Pilatus war nicht wohl. Blut wollten diese Priester sehen. Das war nun klar. Doch konnte er noch ohne Gesichtsverlust zurück, er, der soeben die Unschuld des Angeklagten festgestellt? Und wollte er zurück? Wie widerlich das alles war! Ach, wenn er zwei Legionen hätte! Gab's keinen Kompromiß, nichts Elegantes als Ausweg aus der vertrackten Lage? Mußte nun dumpf ja oder nein gesagt werden? Auf die Schenkel schlagen würden sie sich, die römischen Freunde. Pilatus als Verteidiger eines jüdischen Wundertäters! Wie edel! Eine innenpolitische Krise riskiert für den Triumph des Rechts!

Pilatus überlegte fieberhaft. Papirius schob ihm ein Wachstäfelchen zu. Nur ein Wort stand darauf: Galiläa. Die Nebel schwanden. Daß ihm das nicht als erstes eingefallen war... Welch schöne Lösung – Pilatus lehnte sich bequem zurück und fragte: »Wo stammt der Angeklagte her?« Und als, recht irritiert, die Priester Auskunft gaben, Jesus nenne Galiläa seine Heimat, da zog der Statthalter geschwind den Schluß, daß dann nicht er, vielmehr Herodes Antipas, der in Galiläa die Herrschaft ausübe, zuständig sei. Gut treffe sich's, daß der Tetrarch in höchsteigener Person anläßlich des Passahfestes in Jerusalem verweile, ihn möge man um einen Spruch bemühn.

Sprach's und verschwand im Palast, Nazarener, Abordnung und Menge in überraschtem Schweigen zurücklassend.

Ein intelligenter Kopf war der Papirius. Bisweilen etwas fad und immer fleißig. Ironisch gar nicht. Seine Arbeit nahm er furchtbar ernst. Auch hatte er was Wehes um den Mund. Das Leben galt ihm als Krankheit, gegen die befriedigende Medizin noch nicht gefunden war. Die striktest auferlegte Selbstkontrolle verließ ihn selbst beim Zechen nicht. Ein guter, nein, ein exzellenter Rechtsberater, doch kein Freund.

Mit Alexander ging's ihm ähnlich. Der Grieche pflegte gequält zu lächeln, wenn Pilatus in seiner Gegenwart zu philosophieren wagte. Stets traf man ihn beim Denken an. Die ununterbrochene Produktion von Geistigem war ihm Genuß. Man munkelte, daß die Bedeutung seiner Schriften bereits so schwer wiege, daß die berühmte Bibliothek von Alexandria, um Schaden zu verhüten, sie ausnahmslos im Keller eingelagert habe. Er konnte nur zur Sache sprechen. Konversation war ihm zutiefst verhaßt. Er liebte Wein, doch war beim Trinken äußerst maßvoll. Pilatus hatte ihn von seinem Vorgänger im Amte übernommen, davor war er in Syrien, Ägypten und Kleinasien angestellt. Stimmte es, was er von seinen Oberen erzählte, so waren diese allemal Muster an Pflichtbewußtsein, Gerechtigkeit und bescheidener Lebensführung gewesen. Dagegen schien Pilatus ohne Glanz, wiewohl ihm dünkte, jenes wenig schmückende Epitheton, das ihm der Grieche angehängt im engsten Freundeskreis

– und das man Pilatus stehenden Fußes überbrachte –, sei doch zu hart. »Der gute Halbe« hatte er ihn genannt, in Ansehung der Tatsache, daß Pontius Pilatus die großen Pläne nie ganz glücken wollten.

Es war nun an der Zeit, die Taktik des Großen Sanhedrin zu überdenken. Kaiphas war nicht der Mann hitzköpfiger und unüberlegter Entschlüsse. Er hatte nie die sorgfältig austarierte Balance zwischen Statthalter und Priesterschaft in Frage gestellt, vielmehr nach Kräften sich bemüht, das machtpolitische Gleichgewicht im Land zu stabilisieren. Wenn er jetzt den Präfekten vor allem Volk brüskierte und unter Druck zu setzen suchte, dann nicht, weil es ihm so gefiel. Es steckte Angst dahinter. Der alte Fuchs schätzte das Problem Jesus anders ein als er. Mehrmals hatte er versucht, Pilatus zur Mitarbeit zu überreden. Nun schlug er selber los und glaubte sich dabei im Einklang mit dem Interesse des römischen Imperiums an Ruhe und Ordnung.

Sah Kaiphas in einem am Passah vor den Massen ungehindert predigenden Jesus höchste Gefahr für Staat und Priesterschaft, so war die Verhaftung in der Nacht von Donnerstag auf Freitag die letzte Möglichkeit gewesen, sie abzuwehren, wenn – dies freilich war und blieb die Hauptbedingung – Pilatus' Urteil samt Vollstreckung noch am Freitag wirksam wurde. Verging der Freitag ohne gerichtliche Entscheidung, blieb Jesus eingekerkert, doch am Leben, da während Sabbat und Passahfest Hinrichtungen verboten waren.

Jesus im Kerker – das schloß Pilatus sogleich aus. Wenn etwas geeignet war, den Mob auf die Straße zu rufen, dann eben dies. Wenn er das einsah, Kaiphas wußte es genauso gut. Freiheit oder Verurteilung zum Tode – es gab nichts Drittes. Taktik des Kaiphas war es, das zweite möglichst rasch herbeizuführen. Das war der Grund, weshalb er die Anklage radikal verändert, sie statt auf Gotteslästerung auf Hochverrat begründet hatte.

Pilatus schwankte. Wie konnte er so sicher sein, daß nichts geschah? Vielleicht überblickte der Hohepriester die Situation besser als er, der Präfekt? War es allein seine Schrulle gewesen, den Nazarener wider alles Erwarten für unschuldig zu befinden? Nein, erst einmal hatte ihn das erpresserische Auftreten der Priester derart abgestoßen, daß er mit gleicher Münze zurückgegeben, den Prozeß in aller Form eröffnet hatte, anstatt das Urteil einfach zu bestätigen. Das hatte Kaiphas offensichtlich nicht vorausgesehen. Warum nicht? Pilatus dachte nach. Wo war die Lösung?

War's möglich? Wär' solch ein Aberwitz denn denkbar? Pilatus lachte, hieb auf den Tisch, daß die Silberschale mit den Früchten herunterpolterte, lachte, bis er kaum noch Luft bekam, lachte, daß er fast von der Kline gefallen wäre. Dem schüchtern ob des Lärms hereintretenden Sklaven rief er's zu: »Ich war zu dumm!« – »Ich war zu dumm!« wiederholte er. Der Präfekt sagte es auf Griechisch, das der Sklave nicht verstand.

Mit allem mochte Kaiphas gerechnet haben, mit diesem aber nicht, daß ein übermüdeter, mürrischer Statthalter den auf rasche Beilegung der Angelegenheit abzielenden Vorschlag seiner Berater in den Wind schlagen, die Tragweite der Entscheidung nicht begreifen und überdies die politische Strategie des Kaiphas als persönlichen Angriff interpretieren würde.

Dabei hatte sich Kaiphas, dachte Pilatus, so bemüht, den Fall Jesus herunterzuspielen, war nicht selbst als Ankläger aufgetreten, sondern hatte die Vorführung des Delinquenten einigen unbedeutenden priesterlichen Hinterbänklern überlassen. Es sollte eben keine Konfrontation Sanhedrin versus Statthalter daraus entstehen.

All diese klugen Überlegungen waren jedoch nichts wert gewesen. Übrigens, sann Pilatus, wäre das Kalkül des Kaiphas ebenfalls nicht aufgegangen, wenn ich von lauterer Rechtlichkeit erfüllt gewesen wäre. Ein Witz, daß die Ahnungslosigkeit dasselbe bewirkt hatte. Was dachte Kaiphas jetzt von ihm? Römische Präfekten hatten nicht dumm, sondern gewiefte Politiker zu sein. Demnach blieb nichts anderes übrig, als den Gerechten herauszukehren. Pilatus verzog das Gesicht. Edle Charaktere lagen ihm nicht.

Immerhin war der Verfahrenstrick des Papirius keine schlechte Volte gewesen. Mochte nun Herodes Antipas sehen, was er mit dem Propheten tat. Er hatte ja Erfahrung in diesen Dingen. Vielleicht verlangte die schöne Salome auch diesen Kopf. Ein merkwürdiger Mensch, dieser Herodes, dabei nicht unsympathisch; politisch waren sie natürlich Gegner. Herodes strebte nach dem ganzen Erbe seines großen Vaters: Judäa und der Königskrone. Solang ein römischer Präfekt amtierte, war beides nicht zu haben. Pilatus wußte, daß halbjährlich Herodes einen akribischen Bericht an Tiberius sandte, die Fehler aufführend, die sein Nebenbuhler begangen. Bisher hatte es den Präfekten wenig gestört, schließlich hielt er es genauso. Das leider war das Spiel, das man zu spielen gezwungen. *Divide et impera* war auch die Devise des Cäsar Tiberius. Also tat man, was man konnte, brockte ab und an etwas ein und sorgte dafür, daß der andere die Suppe auslöffelte.

Allzu verbissen aber trieb man's nicht, und wirklich fand man bei diversen Gelegenheiten Gefallen aneinander. Mehrere Male war es, zum Entsetzen der untergeordneten Beamten beider Seiten, dahin gekommen, daß Präfekt und Tetrarch sich dergestalt dem Trunk ergeben hatten, daß beide zu einem Gespräch unter vier Augen in ein Nebenzimmer wankten, wobei sie sich gegenseitig ihrer Wertschätzung versicherten und Herodes über seine Gattin Herodias klagte, die ihn immerfort verdächtige, ihrer Tochter Salome nachzustellen, die, nebenbei bemerkt, allerdings hinreißend von Gestalt sei, freilich einen schlechten Charakter habe; Pilatus habe von der vermaledeiten Täufer-Geschichte sicherlich gehört. Der Präfekt wiederum gab was aus seiner Zeit als Legionstribun zum besten, und am Ende waren sie sich einig, daß die gemütlichsten Tavernen immer noch in Rom zu finden seien und daß man die politischen Verwicklungen hierzulande nicht zu wichtig nehmen dürfe. Herodes und Pilatus waren gleich alt, gleich desillusioniert und gleich bereit, das Leben nicht zu ernst zu nehmen. Das verband.

Indem Pilatus Jesus der Jurisdiktion des Herodes unterstellte, hatte er nicht nur sich selbst einen Gefallen getan, sondern auch Herodes ein politisches Angebot gemacht. Im Prinzip anerkannte er damit das alleinige Recht des Herodes zur Aburteilung seiner Untertanen selbst dann, wenn die Straftat im Gebiet des Pilatus geschehen war. Das Zugeständnis wog schwer; Pilatus hoffte inständig, der Tetrarch würde den lockenden Köder nicht vorbeiziehen lassen.

Pilatus brauchte nicht lang zu warten. Ein abgehetzter Legionär meldete, schon führe man den Nazarener aufs neue dem Präfekten zu. Herodes, gerad' beschäftigt, sich zum Mahle zu begeben, habe den Propheten als willkommene Abwechslung begrüßt. Die wohlgesetzte Anklagerede der Priester mit der Hand beiseite wischend, bat er den Nazarener, anfangs durchaus freundlich, um einige Beispiele seiner Zauberkunst. Der aber sprach kein Wort, so sehr ihn der Tetrarch auch drängte, dem endlich dieses hartnäckige und widerborstige Schweigen die

Laune schier verdarb. Er sei sich offenbar der eignen Macht und seines Gottes nicht sicher und gewiß, habe er ihn verspottet, weswegen ihm der Anblick seines Landesherrn die Rede glatt verschlage. Ihm, Herodes Antipas, sei nicht zuzumuten, die Zeit mit einem Stummen zu vertrödeln, drum stelle er ihn den Römern wieder zu. Ihm dünke freilich, da stimme er durchaus mit Pontius Pilatus überein, der Nazarener allzu stumpf und blöde, als daß er jener politischen Verbrechen fähig sei, deren ihn die Priesterschaft geziehen. Um dieses kundzutun, bedecke man den Angeklagten als Zeichen seiner Unschuld mit einem weißen Kleid.

Der Bote endete. Pilatus trat ans Fenster. Schon füllte sich der Platz erneut. Verworrenes Geschrei stieg zu ihm auf. So hatte denn der Hecht nicht angebissen, den Brokken klug verschmäht. Wie diese Wurfhölzer, mit denen die Germanen Schädel spalteten, kehrte der Fall Jesus zu ihm zurück.

Man meldete Eukolpios, den Haushofmeister des Herodes. Pilatus kannte ihn als treuen Mann, den der Tetrarch des öfteren ins Vertrauen zog. Herodes, begann der Würdenträger vorsichtig, wisse wohl zu schätzen, was ihm Pilatus mit der Übertragung des Prozesses zugeeignet, und nicht gezögert hätte er, den ihm gebotenen Vorteil auszunutzen, wenn nicht Jesus, nicht ausgerechnet ein Prophet der Gegenstand des edlen Handels wär' gewesen. Herodes wolle den Statthalter nicht mit moralischen Skrupeln langweilen – natürlich beuge er bisweilen zum Wohl des Ganzen und wenn's Gewinn verspreche das Recht, unmöglich aber sei es, daß er, nach des Johannes jähem Ende, ein gleiches diesem Jesus widerfahren lasse. Herodes Ruf im Lande sei schon schlecht genug. Sobald aber die lästige Affäre beigelegt, bitte er Pilatus, die ihm bekannte Gastfreundschaft des Tetrarchen in seinem

Palast am See Tiberias auszukosten. Dort könne man dann ungestört die Angelegenheit erörtern. Als letztes erlaube er sich, dem Präfekten eine Frage vorzulegen. Wer eigentlich sei außer ihm, Pilatus, gesonnen, die Unschuld dieses Jesus darzutun? Er sehe niemand. Recht ehrenvoll, dies räum' er ein, sei des Pilatus Pochen auf das Recht, politisch freilich ohne Sinn. Doch nichts für ungut, sicher sehe er, von seinem niederen Standpunkt, die Dinge minder klar als der Vertreter Roms.

Eukolpios zog sich zurück.

Pilatus war gerührt. Herodes war ein Freund. Fortan durften sie miteinander rechnen. Vorbei die Zeit, da sie im Wettstreit die Gunst des Cäsar zu erringen suchten, da der Tetrarch, um den Präfekten auszustechen, dem See Genezareth und kurz darauf der neugegründeten Hauptstadt seines Reichs des Kaisers Namen gab. Es stimmte wohl. Herodes Maß war voll. Zu oft hatte er den jüdischen religiösen Gesetzen Hohn gesprochen, Tiberias gar auf den Fundamenten eines alten Friedhofs aufgebaut. Als ungeheurer Frevel ward ihm das von den Orthodoxen angekreidet, die Stadt heut noch als unrein angesehen.

Gut denn, die Sache war genügend hingeschleppt. Es galt, sich zu entscheiden. Was also wollte er? Den Nazarener retten, das eigene Gesicht wahren, die Priester nicht vor den Kopf stoßen, den Pöbel ruhig halten. Es war die Quadratur des Kreises.

Pilatus versuchte es umgekehrt. Was wollte er nicht? Bloß keine Unruhen in Jerusalem. Nur keine Aufmerksamkeit erregen – da war die bedrohliche Verbindung zu Sejan. Besser, der Cäsar vergaß ihn für eine Weile. Das hieß, den Nazarener opfern. Nur: War das nicht auch gefährlich, stand dann nicht gleichfalls Aufruhr zu befürchten, wo war bloß dessen Anhang hingekommen, wie war die Stimmung unterm Volk?

Vielleicht war trotz aller Schwierigkeiten ein Kompromiß noch denkbar, ein letztes Mittel offen. Von alters her gab es die Sitte, anläßlich des heiligen Passahfestes einen Todgeweihten freizulassen. Kein Freispruch war das, nur ein Gnadenakt, deutlich dadurch, daß man den Amnestierten mit der Peitsche als Verbrecher und damit ehrlos zeichnete, bevor er in die Freiheit ging. War das die Quadratur des Kreises? Die Möglichkeit, den Nazarener, wenn auch beschädigt, vor dem Kreuz zu retten, gleichzeitig seinen Nimbus zu zerstören, der Priesterschaft Genüge zu leisten? Zählte ihm Gajus, der Decurio der vierten Zenturie, dreißig Hiebe auf – der Nazarener konnte seine Passahpredigt getrost aufs nächste Jahr verschieben.

Pilatus schickte einen Herold, die baldige Fortsetzung des Prozesses anzukündigen. In langer Reihe vor dem Richterstuhl stand die Delegation des Sanhedrin, durch ein geringes Kontingent der Tempelgarde geschieden von der Masse. Das Volk stand Kopf an Kopf. Kein Raum war übrig. Kam's hier zu einer kritischen Situation, ließ hier Pilatus seine Legionäre los, den Platz zu räumen, ihn herauszuhaun, was immer – es ginge ohne Blut nicht ab.

Die Hitze flirrte. Pilatus' Gesicht bedeckte sich mit winzigen Schweißperlen, während er dem Richterstuhle zustrebte. Verwunderlich, daß ihm die Sonnenglut heute so viel ausmachte, ihm das Wasser aus den Poren trieb. Er ließ sich ein Tuch reichen, tupfte sich Gesicht und Hände ab. Plötzlich begriff er. Das war nicht die Hitze, das war Angst, gottserbärmliche Angst. Die dumpfe Furcht vor Tiberius, die Ränke der Priester, die gaffende und bedrohlich angeschwollene Menge, die Verachtung der eleganten römischen Herren seines Gefolges angesichts seines dilettantischen Taktierens, die unmenschliche Ruhe des Nazareners – alles zerrte an ihm, zwang ihn in Richtungen, in die er nicht gehen wollte, führte ihm das Schwankende seines Charakters, die Planlosigkeit seines Tuns vor Augen.

Ein fast unwiderstehliches Verlangen nach Eindeutigkeit befiel ihn. Nach Situationen, in denen nicht der Zweifel herrschte, die vielmehr unbedingte Tatkraft forderten. Die römische Armee. Da gab es den Befehl, der wurde ausgeführt und basta. Pannonien. Pilatus dachte gern daran zurück. Es schien ihm bisweilen, als hätte er in jenem Engpaß eine glückliche Zeit gehabt. An Zahl den römischen Truppen bei weitem überlegen waren die Aufständischen. Vor allem fehlte es den Römern an Berittenen. Der Vorstoß in die Ebene von Siscia, mit nur zwei Kohorten ausgeführt, und das, obwohl das Gros noch Tage zurücklag, entsprang dem Kopfe eines Abenteurers. Jedoch war der kommandierende Tribun nicht derart von allen guten Geistern verlassen, daß er den Paß ganz ohne Deckung gelassen hätte. Als dann Siscia rasch als Falle sich entpuppte, bis oben hin gestopft voll Reiterei, gelang es immerhin, wengleich mit bedeutenden Verlusten, die rettende Höhe wieder zu erreichen. Wie aber sollt' es weitergehn? Den Rückzug zu meistern, Verwundete und Troß zurückzubringen, war ein Vorsprung von mindestens zwölf Stunden nötig. Ihn zu erwirken, mußte eine Schar, die man getrost als verloren betrachten durfte, den Hohlweg weiterhin verteidigen.

Pilatus hielt den Paß für 14 Stunden, bis Fackelzeichen deutlich machten, daß die Kohorten nun in Sicherheit. Ausharren konnte er; war die Lage verzweifelt, um so besser, hier aber, hier auf diesem Platz war eben dieses nicht gefragt, gewann er nichts durch Kleben auf dem Fleck.

Pilatus straffte sich und gebot Schweigen. Er dekretierte jetzt die Freilassung des Nazareners als Gnadenakt zum Passahfest. Mochten die Priester und das Volk ihren Blutdurst an den Peitschenhieben stillen.

Pilatus sprach: »Nach genauem Verhör sowohl durch mich, Pontius Pilatus, Präfekt von Judäa, als auch durch Herodes Antipas, Tetrarch von Galiläa und Peräa, haben sich keine Tatbestände ergeben, die eine Schuld hinsichtlich der erhobenen Anklagen erkennen lassen. Eine Verurteilung zum Tode ist nicht gerechtfertigt. In der Sache Jesus von Nazareth, angeklagt des Hochverrats, des Landfriedensbruchs und des Aufrufs zum Steuerboykott, ergeht daher folgende Entscheidung: Der Angeklagte wird der Geißelung unterzogen und alsdann im Rahmen der alljährlichen Passahamnestie freigelassen. Gegeben zu Jerusalem...«

Tag und Stunde gingen im wütenden Gebrüll der Menge unter. Pilatus' Hände umkrampften die Lehnen des Richterstuhls, daß die Knöchel weiß hervortraten. Er winkte dem Dolmetscher. »Was schreien sie?« – »Sie wollen nicht Jesus, Herr, sie wollen Barabbas.«

Barabbas? Niemals in diesem Leben. War einer politisch von den beiden, so war es der Zelot, des Aufruhrs und des Mordes überführt, geständig, ein Feind zu sein der Römerherrschaft. Gerichtsverhandlung! Der Pöbel brüllte und zwang ihm Konzessionen ab. Das Schauspiel, das er bot, hatte mit statthalterlicher Autorität nichts mehr zu tun. Pilatus sandte nach Petrellius, dem Befehlshaber der Garnison, wartete, bis der wirre Lärm der Menge etwas abklang, und wiederholte, sich selbst zur Ruhe zwingend, daß der Nazarener hinsichtlich der gegen ihn erhobenen Vorwürfe unschuldig sei, daß er ihn deswegen begnadigen, ihn aber geißeln lassen werde.

Die Menge raste, jetzt schrien sie nicht mehr den Namen Barabbas, rasch übersetzte der Dolmetscher:

»Kreuzige ihn, kreuzige ihn!« (Lukas 23,21) riefen sie rhythmisch. Der eilends herbeizitierte Petrellius meldete, die Bevölkerung sei aufs äußerste gereizt, er rate vom Einsatz der Soldaten dringend ab. Papirius drängte vor und gab zu bedenken, ob Jesus wirklich das römische Blut wert sei, das sicherlich fließen würde, lenkte der Statthalter nicht ein.

Über Pilatus kam eine außerordentliche Klarheit. Nichts stand mehr zwischen dieser Menge und dem Nazarener als er selbst. So konnte er sie auch gleich selber fragen, und er tat's. Der Präfekt erhob sich, ließ die Wachen und die Priester beiseite treten und winkte den vorderen Reihen näherzukommen. »Ich frage euch«, sagte er beschwörend, in einem dritten verzweifelten Versuch, das Blatt zu seinen und des Nazareners Gunsten zu wenden, »ich frage euch, Volk von Jerusalem, was hat denn dieser Übles getan (Lukas 23,22)? Ich finde keine Begründung für seinen Tod, er ist unschuldig, nur darum will ich ihn begnadigen.«

Das Volk verharrte unbeweglich. Die Vordersten fixierte des Präfekten Blick. Da rief im Hintergrunde eine Stimme. »Kreuzige ihn!« Begeistert nahm die Menge den Ruf auf. Einstimmig skandierte sie nun das Wort, das keiner ihm mehr zu übersetzen brauchte: »Kreuzige ihn! Kreuzige ihn!«

Pilatus' Gesicht verfiel. Der Tod des Nazareners ließ sich noch verschmerzen, die eigne Demütigung wog schwerer. Sie sollten ihren Willen haben, er aber, Roms Präfekt, gedachte deutlich jetzt zu machen, daß auf dem Platz statt Recht nur Pöbelwillkür walte, und er befahl, eine Schale mit Wasser vor ihn hin zu bringen, wusch sich darin, so daß es alle sehen konnten, die Hände und sprach: »Ich bin unschuldig an dem Blut dieses Gerechten, sehet ihr zu.« (Matthäus 27,24) Indem er, obwohl

Römer, dieses jüdische Ritual vollzog, erlegte er die Verantwortung für alle verständlich ihnen auf. Für die Menge antwortete der Sprecher der Anklage: »Sein Blut komme über uns und über unsere Kinder.« (Matthäus 27,25) Das Volk wiederholte den Satz.

Zurück in den Palast, dachte Pilatus, nur weg von diesem Platz und dieser Menge – und das schnell.

Eilig diktierte der Statthalter, begierig lauschte die Menge. Daß Barabbas begnadigt, Jesus aber zur Kreuzigung verurteilt sei; das Urteil werde nach römischer Vorschrift noch am heutigen Tag vollstreckt. Die Menge klatschte Beifall, während Pilatus in den Palast zurückkehrte. Er hielt sich straffer, als er sonst zu tun pflegte.

Schlafen, dachte Pilatus, nur schlafen, nichts sehen, nichts hören. Wenigstens für eine kurze Weile wollte er allein sein, Ruhe haben, entspannen.

Papirius trat ihm in den Weg. Der Beraterstab sei zusammengetreten. Des Präfekten Gegenwart sei dringend erforderlich. Pilatus murmelte einen müden Protest. Dann schickte er sich ins Unvermeidliche.

Die Atmosphäre im Audienzsaal war frostig, Pilatus' Versuch, mit einigen launigen Bemerkungen die Stimmung zu verbessern, machte sie vollends eisig. Von Scherzen hatten diese hohen Herren vorerst genug. Pilatus selbst war ihnen der größte Witz geworden, das jedenfalls entnahm der Statthalter den erbarmungslosen Reden, die seine und der Priester Taktik zum Gegenstande hatten.

Besonders Alexander liebte es, beständig zu wiederholen und mit guten Argumenten darzulegen, wie fabelhaft geschickt der Große Sanhedrin die Begeisterung des Volks für jenen Freiheitskämpfer Barabbas genutzt, den eigentlichen Widersacher, nämlich Jesus, an das Kreuz zu liefern, und wie jede gutgemeinte, doch wenig durchdachte Handlungsweise des Pilatus die ganze Angelegenheit im priesterlichen Sinne noch beschleunigt habe. Genüßlich brachte er sogar Herodes mit ins Spiel und philosophierte kenntnisreich über die Möglichkeit, daß, da des Tetrarchen Vorliebe für die Zeloten, denen Galiläa oft als Zufluchtsort gedient, bekannt, es wohl nicht auszuschließen sei, daß auch Herodes keine reine Tunica habe, der sogenannte Freundschaftsdienst, den er dem Präfekten verdächtig willig geleistet, nur eine geschickte Falle gewesen sei.

Pilatus widersprach. Das schien denn doch gehörig überzogen. Die anderen wollten gleichfalls nicht ins Spekulieren kommen. Es blieb auch so genügend an Pilatus hängen, wie der Kommandeur der Garnison, abschließend sich zu Worte meldend, schneidend zusammenfaßte. Petrellius führte aus, daß angesichts der schwachen militärischen Kräfte und auch, weil es sehr praktisch sei, die römische Herrschaft in Judäa auf der Interessengleichheit zwischen jüdischer Oberschicht und römischer Verwaltung beruhe. Die letztere garantiere Existenz und Fortbestand der ersteren, wohingegen jene wiederum für Ruhe im Innern sorge. Die Situation sei hierzulande komplizierter als anderswo, da die hiesige Oberschicht nicht von einer Aristokratie, sondern von einer Theokratie gebildet werde. Ihre Macht beruhe wesentlich auf der exklusiven Auslegung des Gottesworts, eben dies verschaffe ihr Autorität, und eben darum könne sie den Nazarener nicht dulden, da er das geistliche Monopol der Priesterklasse bestreite. Zuwenig berücksichtigt worden sei von Pilatus dieses Faktum, behandelt habe er den Großen Sanhedrin wie eine beliebige Provinzaristokratie, seine Bedrängnis nicht gesehen und damit die Grundlage des unausgesprochenen Herrschaftsvertrages aufgekündigt, die Opposition der Priester provoziert.

Schwerer Schaden sei entstanden; nicht nur sei das Verhältnis zwischen jüdischer Theokratie und römischer Verwaltung für unabsehbare Zeit empfindlich gestört, offenkundig geworden sei zudem die relativ schwache Stellung, in der sich jeder Präfekt von Judäa befinde. Herodes Antipas habe darüber hinaus eine Schiedsrichterrolle, die ihm keinesfalls zustehe, übernommen, und die Priesterschaft habe wider ihren Willen gegen die römische Administration aufbegehren müssen. In Anbetracht der Lage ersuche er den Präfekten dringend, die Vollstreckung des Todesurteils gegen Jesus von Nazareth nicht länger hinauszuschieben. Das römische Ansehen sei bereits genügend in Mitleidenschaft gezogen.

Pilatus erhob sich, bedankte sich für die guten Ratschläge und ordnete die sofortige Geißelung des Angeklagten an. Sein Beraterstab nahm's mit Befriedigung zur Kenntnis: Das vorgeschriebene Hinrichtungsritual hatte begonnen. Der Präfekt zeigte mithin Einsicht und machte sich den pragmatischen Vorschlag des Petrellius zu eigen. Erleichtert verabschiedeten sich die Herren.

Alleingelassen, schickte der Präfekt sofort nach Wein. Nicht das landesübliche Gesöff, brüllte er mit Stentorstimme dem zitternden Sklaven hinterher, Falerner wolle er haben. Nur auf die Schneehaube, dachte Pilatus, würde er verzichten müssen. Wär' er in seiner Vaterstadt Sulmona, die Läufer hätt' er ausgeschickt in die Abruzzenberge, die weiß um diese Jahreszeit. Es ging auch ohne. Pilatus trank in kleinen Schlucken, das Wasser wies er weg. Ganz unvermischt, wie ein Säufer, genoß er diesen Göttertrank. Die Wirkung blieb nicht aus. Die Wut wich rasch Gelassenheit.

So war er demnach endgültig als komische Figur erkannt. Die Priester lachten sich ins Fäustchen, seine Beamten und Militärs begannen schon in jenen jovialen Ton zu fallen, der Mitleid von Verachtung kaum noch trennt; und Herodes Antipas stand verständnisvoll beiseite, wie's jemand tut, der einem in den Straßenkot Gestürzten durch Nichtbeachten Zeit gibt, den gröbsten Schmutz von seiner Kleidung zu entfernen.

Pilatus goß aus der Amphore nach. Durchs offne Fenster war jetzt ein gleichmäßiges Klatschen zu vernehmen und eine ruhige Stimme, die leidenschaftslos auf lateinisch zählte. Auch wurde viel gelacht. Pilatus ging ans Fenster. Der Nazarener hielt sich gut. Kein Laut kam über seine Lippen, während die Peitschenhiebe seine Haut zerschnitten. Jetzt rissen sie ihn hoch. Der Scaevola, der Satansbraten aus der dritten, begann doch wahrlich ein Theaterstück daraus zu machen, wickelte dem Nazarener einen alten Purpurfetzen gleich einem Königsmantel um die Schultern, drückte ihm eine Krone aus Dornengeflecht aufs Haupt und zwang ihm noch ein Schilfrohr in die rechte Hand, grad' wie ein Szepter. Dann baute sich der ganze Haufen vor ihm auf, der Scaevola kniete sogar vor ihm nieder, während die anderen aus Leibeskräften brüllten: »Sei gegrüßt, lieber Judenkönig!« (Johannes 19,3)

Saukerle, dachte Pilatus mit ingrimmiger Bewunderung für so viel Spaß an derart rohem Scherz. Sie spuckten ihn jetzt an, gaben ihm schallend saftige Ohrfeigen, rissen nun gar das Rohr aus seiner Hand und zerbrachen es an seinem Kopf, das trieb die Dornen tiefer in die Haut.

Pilatus verspürte keine Sympathie für Jesus. Der selbsternannte Prophet war selber schuld, auch war der sanfte Schwache nicht sein Typ – viel zu dogmatisch und nicht kompromißbereit. Bloß andrerseits – wo hätte denn die Möglichkeit des Einlenkens bestanden? Nie hatte der

Prophet an Rettung überhaupt gedacht, sich aufgegeben, nicht taktiert, und die Ereignisse, sie hatten seiner Haltung recht gegeben. Er hatte keine Chance, und darum wich er keinen Fingerbreit von seiner Meinung. Das nannte man Konsequenz.

Ich war nie konsequent, dachte Pilatus, weder was meinen Präfektenposten anbetrifft noch in der Frage der Gerechtigkeit. Ich habe beides nie recht ernst genommen, weil beides mir nicht allzuviel bedeutet.

Es wurde Zeit. Pilatus schritt unlustig in den Hof hinab. Die Soldaten, gutgelaunt und selbstzufrieden, salutierten. Jesus bemühte sich, den Rücken durchzudrükken. Die Lippe aufgesprungen und geschwollen, Blut und den Rotz der Legionäre im Gesicht, sah er Pilatus in die Augen mit festem Blick.

Der Mann ist fertig, dachte der Präfekt, vollständig fertig. Aber nicht ohne Würde. Er reißt sich zusammen, behält die Fassung, bekämpft die Angst. Beim Jupiter, dachte Pilatus, trotz des genossenen Weins mit seltner Schärfe der Gedanken, dem geht's wie mir. Da alles jetzt egal, werd' ich ihn retten. Nicht aus Gerechtigkeitsgefühl und Milde, nicht mal aus Vorteil oder Politik, ich werd' ihn retten, weil's mir so gefällt, und die Berater mögen mich am Arsche lecken.

Er schmetterte das Weinglas hin, das brechende Gefäß gab einen scharfen Ton. Die Legionäre gafften dumm. Petrellius hatte recht, was hatten seine Söldner für Interesse, die Haut zu Markt zu tragen für den Nazarener? Was nun kam, war des Pilatus Spiel und Risiko allein. Der Präfekt befahl, das große Tor zu öffnen, und während dessen Riesenflügel langsam aufschwangen, das Fallgitter gemächlich in die Höhe stieg, ordnete der Statthalter sorgfältig seine Toga, legte er den ritterlichen Purpurstreifen an ihrem untern Ende gut sichtbar aus.

Er ging allein auf diesen Platz hinaus, der Ritter Pontius Pilatus; seltsam verloren stand er vor dem Tor. Die Menge schwieg verwundert. Pilatus aber sprach: »Unschuldig ist der Nazarener. Schaut ihm ins Angesicht, dann wißt ihr's. Ich führe ihn durch eure Reihen.« Ein kräftiger Tritt des Wachsoldaten warf Jesus alsogleich in des Pilatus Rücken. Der Präfekt winkte ihm, an seiner Seite sich zu halten. Die Menge, plötzlich scheu geworden, öffnete ihnen eine Gasse, und, Reihe auf Reihe abschreitend, wiederholte Pontius Pilatus, auf Jesus weisend: »Sehet, welch ein Mensch!« (Johannes 19,5) Er sagte es auf lateinisch und auf griechisch. Wer ihn nicht verstand, begriff's durch Augenschein.

Der Bittgang ließ sich besser an, als der Präfekt gedacht. Nichts flog ihm an den Kopf, kaum daß sich einer in wüsten Beschimpfungen erging. Ich sollte dem Jesus noch das Händchen halten, dachte Pilatus mit Behagen, Papirius, der sicher jetzt am Fenster steht und über das römische Ansehn barmt, Papirius brächt' es um. Er tat es aber nicht. Das Schauspiel, den Statthalter von Judäa für ein kriminelles Subjekt die Gnade des Volkes persönlich erflehen zu sehen, war Skandal genug.

Pilatus schritt die letzte Reihe ab. Nun standen sie vor Priestern und Tempelgarde, die, kaum daß sie ihrer ansichtig wurden, auch schon im Chor ihr »Kreuzige, kreuzige!« herausplärrten. Pilatus riß mit einem Male die Geduld. Den Führer der Abordnung packt' er beim Kragen seines schönen Kleids und schrie ihm ins Gesicht. »Nehmt ihr ihn doch und kreuzigt ihn! Ich finde keine Schuld an ihm!« (Johannes 19,6) Gleichfalls in Rage brüllte der zurück: »Wir haben ein Gesetz, und nach dem Gesetz soll er sterben; denn er hat sich selbst zu Gottes Sohn gemacht!« (Johannes 19,7) Pilatus gab den Priester frei, der fiel zusammen wie ein nasser Sack, den Jesus wies er in den Hof und sah noch einmal herum im Kreise: Die Mauer der Ablehnung, sie brach nicht ein. Da wandte er sich zum Palast. Das Tor schloß sich, das Gatter krachte nieder.

Jetzt wußten alle es! Die offizielle Anklage war eine Konstruktion und Fälschung. Der Anspruch, Gottes Sohn zu sein, wurde diesem Jesus zum Verderben. Er sagte es Papirius. Der wiederum bemerkte spitz, ob man denn dies nicht längst gewußt, der öffentliche Auftritt samt Prügelei – Papirius übertrieb abscheulich – vielleicht vermeidbar doch gewesen wäre?

Pilatus hieß ihn schweigen. Er hatte diesen Jesus unterschätzt. Beim Schreiten durch die Menge war ihm aufgegangen, wie ruhig der Nazarener wirkte. Das war nicht Maske wie bei ihm. Der trug noch seine Dornenkrone mit einer Sicherheit und Zuversicht, die nachgerade unerklärlich war. Fast hatt' es ihm geschienen, als decke nicht die römische Rittertoga Jesus, vielmehr der abgerissene Nazarener ihn.

Der Pöbel grölte. Pilatus war es eins. Er hatte jetzt viel Zeit. Er gab Befehl, den Jesus vorzuführen.

Die Wache brachte ihn herein. Pilatus gebot, sie allein zu lassen. Mit einer Handbewegung bot er einen Hocker an. Der Nazarener zog es vor zu stehen. Pilatus umschritt ihn. Von dem wohlgefügten, polierten Marmorboden des prächtigen Audienzsaals, hob sich die Schäbigkeit des Nazareners schmerzhaft ab.

Pilatus sah ihm in die Augen. Mit Ruhe gab der Nazarener seinen Blick zurück. »Jesus von Nazareth«, begann der Präfekt von Judäa, »was eigentlich bist du für ein Mensch? Wer hat dir eingegeben, Gottes Sohn zu sein? Warum wagst du dein Leben gegen jene Priester?«

Der Nazarener schwieg. Er schien gesammelt, sein

Blick blieb fest. Ein Fältchen, fast als ob er lächeln wolle, grub sich in seine Augenwinkel.

»Du willst nicht mit mir reden«, stellte der Statthalter müde fest. »Warum?« Pilatus trat auf Jesus zu. »Warum wirfst du dein Leben weg, warum begegnest du mir so abweisend, als ob ich nichts für dich bedeutete! Weißt du nicht, daß ich Macht habe, dich zu kreuzigen, und Macht habe, dich loszugeben? (Johannes 19,10) Ich entscheide hier, dein Leben liegt in meiner Hand, kämpfe darum, verteidige dich, sprich!«

Jesus schwieg. Dann endlich, als das Schweigen den Riesensaal allüberall gefüllt, antwortete er, und rücksichtsvoll und tröstend klang die Stimme: »Du hättest keine Macht über mich, wenn sie dir nicht wäre von oben herab gegeben; darum, der mich dir überantwortet hat, der hat größere Sünde.« (Johannes 19,11)

Pilatus stand erschlafft. Wie? Verzeihung gewährte ihm der Angeklagte, bedeutete ihm, die Schuld an seinem Tode liege nicht bei ihm, bedeutete ihm, der Einfluß und die Macht, mit denen der Statthalter sich brüste, seien so gewaltig doch nicht einzuschätzen, bedeutete ihm, er sei nur eine Figur im großen Spiel des Schicksals, das ein anderer, Größerer als er begonnen habe und jetzt zu Ende bringe? Die Würfel sollten demnach längst geworfen sein und er ohne Macht, des Geschickes Gang zu wenden?

Fahrig schritt der Präfekt auf und ab. Längst hatte man den Nazarener wieder abgeführt. Die Analyse stimmte haargenau. Wo waren denn die Mittel, den Jesus zu befreien? Pilatus stand allein, da gab es keinen Zweifel. Volk, Priesterschaft, Herodes, Legionäre – sie waren alle gegen ihn. Nur, wie konnte der Nazarener um seine Ohnmacht wissen, woher bezog er den Scharfsinn und die Sicherheit, den Sachverhalt mit solcher Klarheit in einen lapidaren Satz zu fassen? Konnt' er ihn jetzt noch töten lassen, einfach so, als sei nichts vorgefallen? Er konnt' es nicht. Das Stück war zu absurd. Der Nazarener wußte um seine Unschuld, der Präfekt desgleichen, und trotzdem würd' es keinen Ausweg geben.

Gab's wirklich keinen? Hatten sich seine Absichten nicht absonderlich verschoben im Lauf des Tages? Den Priestern gegenüber Stärke zu zeigen war sein erster Impuls gewesen, dann, als sich das als unmöglich erwies, mit taktischen Kniffen, politisch und juristisch, den Schein der Macht nach außen hin zu wahren, schließlich, als selbst die eignen Leute von ihm abgerückt, trieb ihn purer Trotz, gemischt mit lauer Sympathie auf Jesu Seite.

Nun war es anders. Der Nazarener war ein Kerl und tapfer, vielleicht nur ein Phantast, das stand nicht fest und war auch so entscheidend nicht. Er aber, Pilatus, der von Niederlage zu Niederlage stracks geeilt, der nichts und wieder nichts erreicht, befand sich auf dem Punkt, wo er glatt alles wagen konnte. Da augenblicks Macht und Gesicht verloren – ich krieg' sie wieder, schwor er sich –, war die Verstellung fortan überflüssig, die Ware ließ sich offen tauschen wie auf einem Markt. Den maulenden Alexander schickte er zum Großen Sanhedrin, zu fragen, was der Preis für Jesu Leben sei.

Noch ehe Alexander zurückgekehrt war, antwortete ihm die Menge. Sie schrien nicht mehr ihr »Kreuzige, kreuzige«. Pilatus fragte seinen Übersetzer. Eilfertig, sich vor Aufregung verhaspelnd, wiederholte der: »Läßt du diesen los, so bist du des Kaisers Freund nicht; denn wer sich zum König macht, der ist wider den Kaiser.« (Johannes 19,12) Das war direkt und deutlich eine Drohung. Der Große Sanhedrin gab dem Statthalter, wenn auch in milderer Form, dasselbe zu bedenken. Man begreife nicht, berichtete Alexander, wie er, Pilatus, Roms Präfekt, zu einem Usurpator halten könne, der, indem er sich den Königstitel anmaße, die Herrschaft Roms aufs äußerste beleidige. Sie seien treue Untertanen ihres Kaisers, und eben darum empfänden sie die Schmach, die ihm dadurch geschehen, so tief, daß sie den Übeltäter beseitigt sehen wollten. Zwar sei der Statthalter Tiberius freundschaftlich verbunden; der Ring des Kaisers, den er trage, seit ihm Tiberius Judäa überantwortete, beweise es genug. Der Große Sanhedrin verstehe freilich seine Handlungsweise nicht. Jedoch gleichviel – um weiter nicht die Kluft zu öffnen, die Jesus von Nazareths Person zwischen Rom und Jerusalem getrieben, schlage er vor, den Fall der höheren Instanz, am besten gleich dem Kaiser vorzutragen, der wohl am ehesten wisse, wie denn mit Königen von Judäa zu verfahren sei.

Pilatus schaute starr auf seinen Ring. Der Freund des Sejan deckte einen Aufrührer. Wie logisch. Ein Wort des Großen Sanhedrin, und er war hin. Welch schöne Szene dann am kaiserlichen Hof: Die Priester würden strikt politisch argumentieren, er aber, er, der römische Präfekt, pries Jesu Religion als ungefährlich. Verkehrte Fronten. Die Juden brillierten als des Tiberius treue Untertanen, dem Statthalter blieb die Rolle des Bösewichts, der auf Verrat an seinem Kaiser sinnt.

Der Spielraum, an den er zunächst geglaubt, jetzt war er ausgeschöpft. Die Alternative hieß nun Jesus oder er. Natürlich ich, dachte Pilatus. Ich mag nicht in die Verbannung gehen für den Nazarener. Meine Bewunderung hat er für seine gute Haltung; Freundschaft, Gefolgschaft ist ein ander Ding. Er hat verloren, und er hat's die ganze Zeit gewußt. Ich weiß es erst seit kurzem. Doch etwas gibt's, das ich noch tun kann für ihn: Ich werd' ihn anerkennen. Wird er gekreuzigt wegen Hochverrats aufgrund der Anmaßung des Königstitels, so sei er, und wenn auf Stunden nur, der König dieser Juden. Er wollte sehen, wie sie vor Untertanentreue platzten, er wollte sie den politischen Anspruch auf Judäa selbst begraben lassen, indem sie ihren eignen König töteten.

Pilatus ging ein letztes Mal hinaus. Jesus befahl er neben sich wie gleichberechtigt. Gemeinsam schritten sie zum Richterstuhl. Pilatus, Jesus links von ihm, nahm Platz.

Gerade als der Statthalter beginnen wollte, drängte sich die Kammerzofe seiner Frau zu ihm, in seine Hand rasch eine Tafel drückend. Pilatus las, Procula habe in der Nacht einen beklemmenden Alptraum gehabt. Der Nazarener sei unschuldig. Ihr Gatte möge nicht mit einem ungerechten Urteil sein Gewissen belasten. Pilatus nahm den Griffel. Verbissen und mit Sorgfalt, als ob es wirklich darauf ankäme, glättete er die Wachsfläche, bis jede Spur von Proculas Hand getilgt.

Procula. Was mischte sie sich ein? War's also wahr, daß sie zu des Nazareners Glauben neigte? Sie tat ihm nicht mehr gut. Ihr ewiges Gehocke in den Tempeln, ihr Jammern über alle Übel in der Welt – er war es leid seit langem. Möglich, daß er nicht ohne Schuld daran. Es war heut' so ein Tag, um alles abzuräumen, die Grenzen zu markieren ihres Ehestands. Die Tafel war geglättet. Mit dem Daumennagel grub er die horizontale Linie in das Wachs, darauf die vertikale, und übergab's der Zofe. Auf Grausamkeit verstand er sich. Procula würde das Zeichen zu deuten wissen.

Es war die rechte Einstimmung in den letzten Akt des Dramas. Pilatus erhob sich. In die gespannte Stille sprach er, Jesu Arm ergreifend, feierlich: »Sehet, das ist euer König!« (Johannes 19,14) Und wie erwartet, brüllte laut das Volk: »Weg, weg mit dem! Kreuzige ihn!« (Johannes 19,15) Als das Geschrei verebbte, fuhr Pilatus fort: »Ihr wollt also, daß ich euren König kreuzige?« – Der Menge wurde es unheimlich, kein allgemeiner Ruf erscholl. War Jesus ein Aufrührer, vielleicht ein Mann wie Barabbas, wer konnt' ihm Sympathie versagen? Instinktiv fühlte diese Masse Volks, daß etwas nicht in Ordnung war. Romfeindlich, voll Ingrimm gegen die Eroberer, sollten sie den Tod eines politischen Rebellen fordern. Die Menge zögerte; da sprangen schnell die Priester ein und antworteten, sie hätten keinen König denn den Kaiser (Johannes 19,15).

Pilatus lobte ihre Untertanentreue, die Einsicht, daß in diesem schönen Land Judäa das Regiment des Kaisers wohltuender als jede Judenherrschaft sei. Wer sich bescheide, werde groß, beschloß der Präfekt seinen zynischen Sermon. Die Menge schwieg. Stumm standen auch die Priester.

Pilatus befahl den sofortigen Vollzug der Kreuzigung.

Ein Letztes blieb noch übrig. Ein Schild, ordnete Pilatus an, sei zu Häupten Jesu zu befestigen, auf dem in hebräischer, griechischer und lateinischer Sprache, damit ein jeder es verstehe, zu schreiben sei: Jesus von Nazareth, der Juden König (Johannes 19,19).

So geschah es. Bald danach begehrten Abgesandte des Großen Sanhedrin den Statthalter zu sprechen und wiesen darauf hin, der Schriftzug treffe nicht den Sachverhalt. Nicht der König der Juden hänge in Golgatha am Kreuz, sondern ein Usurpator, der das von sich behauptet habe.

Voll tiefer Befriedigung hörte Pilatus den Einwand. So hatten sie es wenigstens bemerkt, wie wenig rühmlich für das Ansehn ihres Standes es war, die Loyalität zum römischen Staat so schrankenlos herauszustreichen.

Nun fürchteten sie den Umschwung in des Volkes Meinung, den Vorwurf, sie hätten den Anspruch auf ein jüdisches Königreich mit Jesus an das Kreuz genagelt. Die kleine Rache ließ er sich nicht nehmen, sprach kurz angebunden: »Was ich geschrieben habe, das habe ich geschrieben« (Johannes 19,22) und wies der Abordnung die Tür.

Ein wüster Traum, dachte Pilatus, ich werde ihn vergessen. Schwamm drüber. Papirius fand sich ein, Alexander, später kam noch Petrellius hinzu. Man sprach von Rom, scherzte versuchsweise. Die Sklaven brachten Wein und einen Imbiß. Die Stimmung, anfangs beklommen, erwärmte sich. Papirius bemerkte schmunzelnd, der Statthalter habe mitunter etwas befremdliche Grillen. Die anderen lachten beifällig.

Pilatus zwang sich mitzulachen. Sein Schädel dröhnte, pelzig lag die Zunge ihm im Mund. Das improvisierte Fest nahm seinen Fortgang. Drei Stunden später wurde es gestört. Die Juden bäten, meldete ein Zenturio, die Beine des Delinquenten brechen zu dürfen, da sonst der Leichnam den ganzen Sabbat über am Kreuze hänge, was eine Schande sei.

Gewährt, nickte Pilatus Zustimmung. Er stirbt dann schneller, dachte er; wenn die Beine den Körper nicht mehr halten, setzen die inneren Blutungen rascher ein. Pilatus füllte sich den Becher nach. Bedachtsam trank er Schluck auf Schluck, die Neige goß er auf den Boden. Jetzt, dachte er, ist Jesus tot. Nimm das als Trankopfer, Proserpina, für einen Nazarener, und gib ihm einen guten Platz im Orkus. Er hat's verdient.

Der Präfekt hob die Tafel auf. Noch heute, verkündete er, wolle er zurück nach Cäsarea. Die Gäste stoben auseinander, die Sklaven packten das Gepäck. Im Hof, beim Aufbruch drängte sich ein Mann im Kleid der Handelsherren zu ihm durch. Joseph von Arimathia sei sein Name, und er bitte, den Leichnam Jesu abnehmen zu dürfen, um ihn zu begraben. Pilatus hatte nichts dagegen einzuwenden.

# Abend

Am Tor von Jerusalem erreichte ihn ein Bote. Keuchend vom schnellen Lauf sprudelte er hervor, daß der Papyrus, den er zu überbringen habe, genauen Bericht von Jesu Kreuzigung enthalte. Der Chef der Geheimpolizei lasse sich empfehlen.

Pilatus riß das Siegel auf. Das Blatt rollte auseinander. Pilatus las:

»Aber der Übeltäter einer, die da gekreuzigt waren, lästerte ihn und sprach: Bist du Christus, so hilf dir selbst und uns. Da antwortete der andere, strafte ihn und sprach: Und du fürchtest dich auch nicht vor Gott, der du doch in gleicher Verdammnis bist? Und wir zwar sind billig darin, denn wir empfangen, was unsre Taten wert sind; dieser aber hat nichts Ungeschicktes getan. Und er sprach zu Jesu: Herr, gedenke an mich, wenn du in dein Reich kommst! Und Jesus sprach zu ihm: Wahrlich, ich sage dir: Heute wirst du mit mir im Paradiese sein!« (Lukas 23, 39–43)

Pilatus saß erstarrt auf seinem Gaul. Die Lippen kalkig, sein Gesicht fiel ein. Die Rolle glitt ihm aus der Hand, stumm sah er zu, wie sie die Hufe seines Pferdes in den Kot der Straße stampften: im Angesicht des Todes noch diese Zuversicht, noch diese Kraft, das Geschehene aufzuheben, einem verpfuschten Leben Hoffnung zu geben und es, als seien alle Unterschiede abgeschafft, zu sich empor zu ziehen.

Mühsam riß sich der Präfekt zusammen, mechanisch nahm er die Zügel auf, stieß seinem Tier die Fersen in die Weichen. Ins Freie, weg von Jerusalem, jagte er davon; kaum, daß es seinem Gefolge gelang, ihn einzuholen.

# Nachwort

*Sine ira et studio* – ohne Zorn und Eifer, sondern objektiv soll der Geschichtsschreiber berichten, schrieb der Historiker Tacitus als Motto über sein Werk und dachte gar nicht daran, dem selbstgesetzten Anspruch gerecht zu werden. Denn natürlich verfolgte er mit der Niederschrift seiner *Annalen* und *Historien* eine Absicht, die er um so leichter zu verbergen trachtete, als er behauptete, keine zu haben, ganz über den Parteiungen zu stehen.

Unsere drei Hauptquellen zu Pilatus, die Evangelien, Flavius Josephus und Philo von Alexandrien, spielen dasselbe Spiel.

Zahllose Bücher sind über den Prozeß Jesu geschrieben worden, alles wurde analysiert: das jüdische Gerichtsverfahren, das römische Gerichtsverfahren, das Verfahren vor Herodes Antipas. Versagt man sich der Neigung zu griffigen »Lösungen« und »letzten Erkenntnissen«, bleibt folgendes festzuhalten: Wir wissen nicht, wie es gewesen ist, so aber, wie in den Evangelien geschildert, war es mit Sicherheit nicht. Mehr zu sagen wäre Hybris. Da nützt es nichts, einen idealtypischen Verlauf eines jüdischen Prozesses anzunehmen (dessen Ablauf wir erst aus dem zweiten nachchristlichen Jahrhundert kennen) und einfach vorauszusetzen, es habe sich eben nichts geändert und also sei alles falsch, was die Evangelien über das Verhör vor dem Hohen Rat berichten, und deshalb habe die Initiative zum Prozeß bei der römischen

Jurisdiktion gelegen. Mit gleichem Fug und Recht darf demgegenüber der Kenner des römischen Strafrechts darauf verweisen, daß jene Aufführung, die die Evangelien dem Pontius Pilatus zumuten, keine Wahrscheinlichkeit hat, vergleicht man sie mit dem Auftreten, das einem Statthalter Roms nach Brauch und Herkommen eignete. Aber warum das alles, die falschen Schilderungen, die überzogene Darstellung, wo liegt die Absicht der Verfasser der Evangelien?

Um die Antwort zu finden, müssen wir Flavius Josephus bemühen. Der wußte in seiner 20 Bände umfassenden Geschichte der Juden, den *Jüdischen Altertümern* (75–79 n. Chr. erschienen), mit enzyklopädischer Sorgfalt auch noch das abgelegenste Ereignis darzustellen. Johannes der Täufer, sein Wirken und sein Tod werden erzählt, über Jesus von Nazareth finden wir keine Zeile. Es liegt nahe, daraus den Schluß zu ziehen, daß der Prozeß, der zum Tode Jesu führte, nicht so spektakulär ablief, wie ihn die Evangelien schildern, sondern ein Bagatellverfahren war, in dem der römische Statthalter ein des Aufruhrs verdächtiges Subjekt ohne formellen Schuldspruch zu kreuzigen befahl, was in seiner Macht stand und in unruhigen Provinzen gewöhnliche Praxis war.

Dieses summarische Verfahren, wenn es denn so gewesen ist, mußte den Evangelisten als des Gottessohns unwürdig erscheinen, so durfte es nicht gewesen sein, und deshalb gestalteten sie das Geschehen heilsgeschichtlich als großen Auftritt des Messias, demgegenüber die restlichen Beteiligten in Schuld und Sünde versanken. Nur konsequent, daß man später in die *Jüdischen Altertümer* des Josephus das hineinmanipulierte, was niemals in ihnen gestanden hatte: den Bericht von der Kreuzigung Jesu.

Flavius Josephus' Darstellung des Pilatus kann ebenfalls nicht ihre Absicht verleugnen. Der Schriftsteller, von Vespasian beauftragt, die Geschichte des Jüdischen Krieges zu schreiben, hatte auf seinen Auftraggeber Rücksicht zu nehmen. Dementsprechend fiel sie romfreundlich aus. In den *Jüdischen Altertümern* wiederum, die in ihren letzten Teilen die Vorgeschichte des Aufstands abhandeln, weist Josephus den Römern insofern eine Mitschuld am Ausbruch zu, als es gerade die Nachgiebigkeit, die Schwäche und das Unverständnis der römischen Beamten gewesen seien, die dazu wesentlich beigetragen hätten. In dieser Argumentationskette beurteilt Josephus das harte Durchgreifen des Pilatus nicht per se negativ.

Außerordentlich schlecht schneidet der Präfekt nur bei Philo von Alexandrien ab, der aber gleichfalls seine Gründe hatte. Mitglied einer hochbedeutenden jüdischen Familie aus Alexandria, war ihm die undankbare Aufgabe zugefallen, eine Gesandtschaft der alexandrinischen Juden anzuführen, die vor Caligula Klage erheben wollte gegen die judenfeindliche Politik des römischen Präfekten von Ägypten, Flaccus. Caligula fertigte die Gesandtschaft höhnisch ab, und kurz nach seinem gewaltsamen Tode erschien die philonische *Legatio ad Gaium*, die Verfolgung der Juden unter Caligula behandelnd und gemeint als ein pädagogischer Wink an dessen Nachfolger Claudius, nicht ebenso zu verfahren, denn Jahwe strafe diejenigen, die sich an seinem auserwählten Volk vergingen.

In eingängiger Schwarzweiß-Manier charakterisiert Philo Tiberius als Freund des jüdischen Volkes, dem es nachzueifern gelte, und empfiehlt ihn Claudius als Vorbild. Die unter seiner Herrschaft vorgefallenen antijüdischen Repressionsakte verteilt Philo auf zwei Sündenböcke, Sejan und Pilatus, die ohne Tiberius' Wissen gehandelt hätten. Beider Sturz belegt seine These von der rächenden Hand Gottes.

Fassen wir zusammen: Allen drei Geschichtsquellen ist die Person des Pontius Pilatus bitter nötig. Die Evangelienverfasser benutzten sie als Projektionsfläche der überragenden Persönlichkeit Jesu, Josephus brauchte den Präfekten als Beleg für die unzureichende römische Administration, Philo schließlich als abschreckendes Lehrstück, das dartun sollte, wie Antijudaismus und Intrigantentum eine ungute Ehe eingingen, die letztlich gegen die erklärten Absichten des Kaiserhauses gerichtet war. Der Blickpunkt aller drei Quellen, obgleich verschieden, ist provinziell. Wählen wir eine andere Perspektive, die imperiale Roms, verkörpert durch den Geschichtsschreiber P. Cornelius Tacitus.

Wiewohl er im fünften Buch seiner *Historien* in dreizehn Kapiteln die Geschichte und Geographie Judäas abhandelt, bemerkt er zur Präfektur des Pilatus nur lapidar »Unter Kaiser Tiberius herrschte Ruhe« (Tac., Hist. V 9), was um so bemerkenswerter ist, als etwa die Statthalterschaft des Antonius Felix (52–60) hart kritisiert wird. Überhaupt schneidet Pontius Pilatus, verglichen mit seinen Nachfolgern im Amte, einigermaßen passabel ab. Weder läßt er den amtierenden Hohenpriester durch gedungene Mörder beseitigen, wie dies Felix mit Jonathan tut, noch erhebt man gegen ihn den Vorwurf der Bestechlichkeit wie gegen den Statthalter Cumanus. Vom römischen Standpunkt aus war Pontius Pilatus, verglichen mit anderen Statthaltern, eigentlich nichts vorzuwerfen. Sein Versuch, den Kaiserkult in Judäa durchzusetzen, war ehrenwert, aber politisch unklug – ohne kaiserliche Dekkung verlief er unblutig im Sande. Die Errichtung des Aquädukts wiederum war gut für die Jerusalemer Wasserversorgung, und der darüber ausgebrochene Zwist, einschließlich seiner Befriedung mit Polizeigewalt, unterschied sich in nichts von Maßnahmen anderer Provinzgouverneure, die gleichfalls vor solchen Mitteln nicht zurückschreckten. Politischer Alltag war das, nichts weiter, um so entschuldbarer in einer Provinz, die ohnedies zur Aufsässigkeit neigte.

Im übrigen wäre Tiberius der letzte gewesen, der Pontius Pilatus schrankenlos im Sinne despotischer Willkür hätte walten lassen. Es war geradezu die beständige Sorge des Kaisers, die Provinzen nicht über Gebühr zu belasten und fähige Beamte zu ihrer Verwaltung einzusetzen. Pilatus' Suspendierung vom Amt stellt in diesem Zusammenhang eine Ausnahmesituation dar, nicht als disziplinarische, sondern als politische Maßnahme zu verstehen, die ihren Sinn aus den außenpolitischen Schwierigkeiten an der Ostgrenze des Reiches bezieht.

Der Kreis schließt sich. Im Vorwort habe ich den Präfekten einen mittelmäßigen Beamten genannt. Jene Charakterisierung, die Tacitus dem Poppaeus Sabinus beigibt (Tac., Ann. VI 39), scheint mir auch auf Pontius Pilatus zuzutreffen:

»Am Ende des Jahres starb Poppaeus Sabinus, ein Mann von geringer Abkunft, der aber durch der Fürsten Freundschaft das Konsulat und die Triumphinsignien erhalten hatte und in den bedeutendsten Provinzen 24 Jahre lang Statthalter gewesen war, nicht etwa wegen besonderer Befähigung, sondern weil er seinen Aufgaben eben gewachsen war – aber nicht darüber hinaus.«

*Danksagung*

Michael Lemster, Ernst Piper und Rolf Rilinger haben das Manuskript kritisch begutachtet. Irene Nießen hat mich mit unermüdlicher Zähigkeit zwischen Caesarea und Masada begleitet, und gäbe es einen genius loci, dem es zu danken gälte, so fände er sich in der British Library, in Vorupør und bei den Hörnern von Hattin.

Gewidmet ist dieses Buch meiner Tochter Charlotte in der Hoffnung, daß sie weiterhin Spaß daran finden möge, mich in die Antikenmuseen zu begleiten.

# Anhang

# Zeittafel

| | |
|---|---|
| 63 v. Chr. | Pompejus erobert Jerusalem |
| 53 v. Chr. | Schlacht von Karrhae |
| 40 v. Chr. | die Parther in Syrien und Palästina |
| 37–4 v. Chr. | Herodes der Große, jüdischer König, bedeutende Bautätigkeit in Jerusalem (Burg, Palast, Tempel), Gründung und Ausbau vieler Städte (darunter Cäsarea) |
| 27 v. Chr. | Begründung des Prinzipats durch Augustus |
| 9 v. Chr. – 39 n. Chr. | Aretas IV., König der Nabatäer |
| 6/7 v. Chr. | Jesus in Bethlehem geboren |
| 4 v. Chr. – 6. n. Chr. | Archelaos, Ethnarch von Judäa und Samaria |
| 4 v. Chr. – 39 n. Chr. | Herodes Antipas, Tetrarch von Galiläa und Peräa |
| 4 v. Chr. – 34 n. Chr. | Philippus, Tetrarch von Gaulanitis und Trachonitis |
| 6 n. Chr. | Judäa und Samaria römische Provinz |
| 9 | Schlacht im Teutoburger Wald |
| 10–38 | Artabanos II., König der Parther |
| 14 | Tod des Augustus, Regierungsantritt des Tiberius, Germanicus am Rhein, Sejan Präfekt der Prätorianer |
| 15–26 | Valerius Gratus, Präfekt von Judäa |
| 17–19 | Germanicus im Orient |
| 18–36 | Kaiphas Hoherpriester |
| 23 | Tod des Drusus |

| | |
|---|---|
| 26 | Tiberius zieht sich nach Capri zurück, Pilatus Präfekt von Judäa<br>Feldzeichenaffäre |
| nach 26 | Pilatus zieht die Blutgerichtsbarkeit an sich<br>Bau des Aquädukts von Jerusalem |
| 29 | Herodes Antipas läßt Johannes den Täufer hinrichten |
| 29–32 | Münzprägungen des Pilatus |
| 30–33 (?) | Kreuzigung Jesu |
| 18. 10. 31 | Sturz Sejans |
| nach 31 | Ehrenschildaffäre |
| 35–39 | Vitellius in Syrien |
| 36 | Pilatus kämpft gegen die Samariter und wird vom Amt dispensiert<br>Vitellius schließt mit den Parthern Frieden |
| 16. 3. 37 | Tod des Tiberius, Regierungsantritt Caligulas, Pilatus nach Gallien verbannt (?) |
| 39 | Absetzung des Herodes Antipas, Verbannung nach Gallien |
| 25 v. Chr. – 50 n. Chr. | Philo v. Alexandrien |
| 66–70 | Jüdischer Aufstand, Zerstörung des Tempels |
| 69–79 | Vespasian |
| 37–100 | Flavius Josephus |
| 70 | Markus Evangelium |
| 75–90 | Matthäus Evangelium |
| 80–90 | Lukas Evangelium |
| 100–120 | Johannes Evangelium |

# Karten

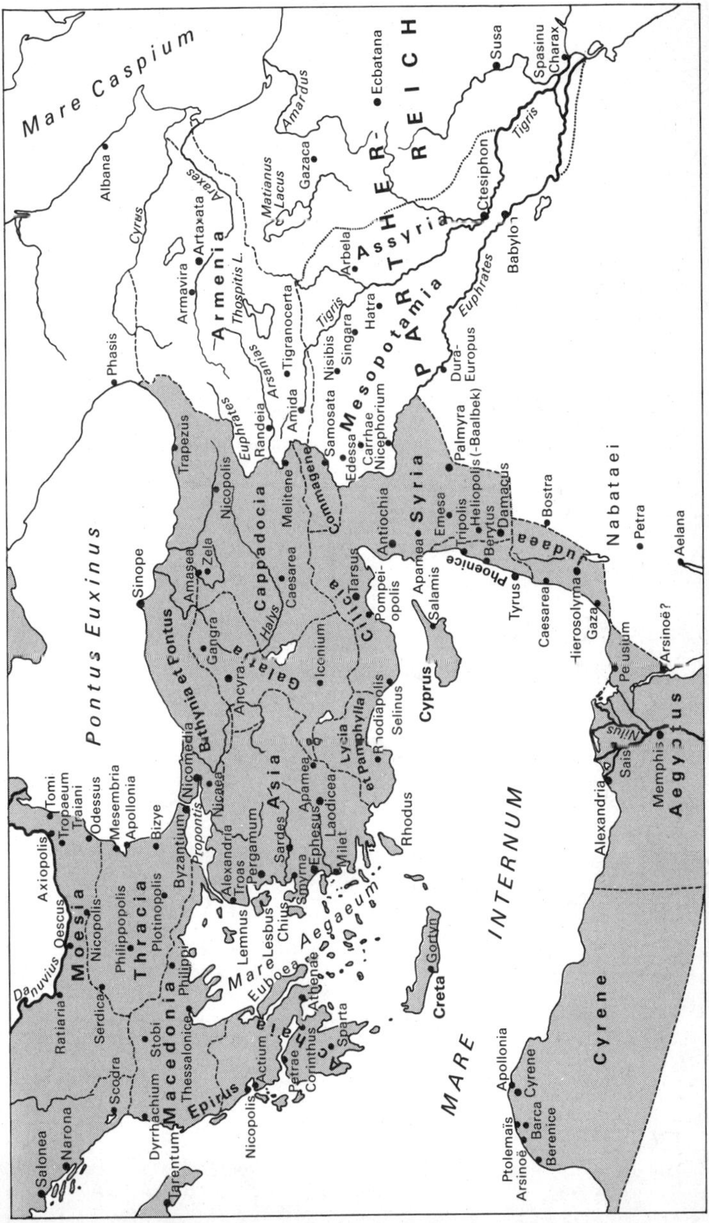


Der Osten des Römischen Reiches im 1. Jahrhundert n. Chr.

Palästina am Anfang des 1. Jahrhunderts n. Chr.

## Jerusalem zur Zeit Jesu

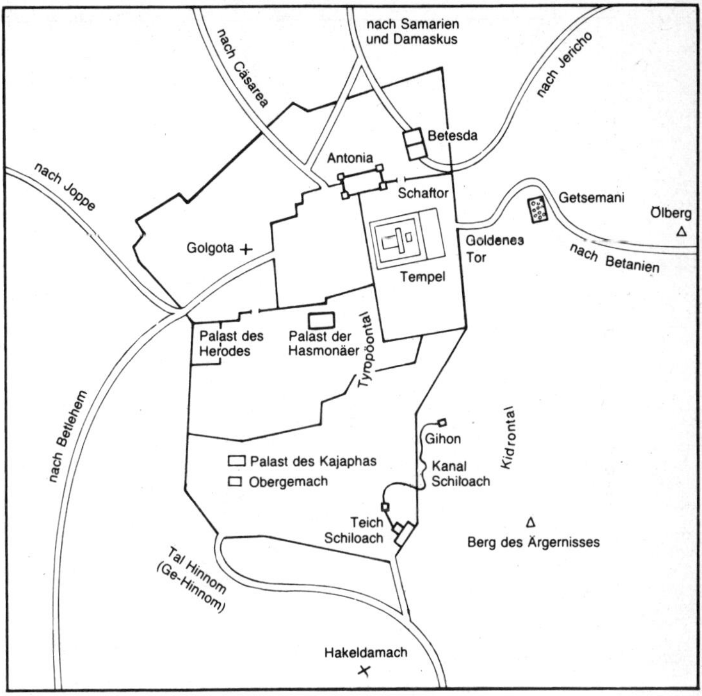

# Stammtafeln

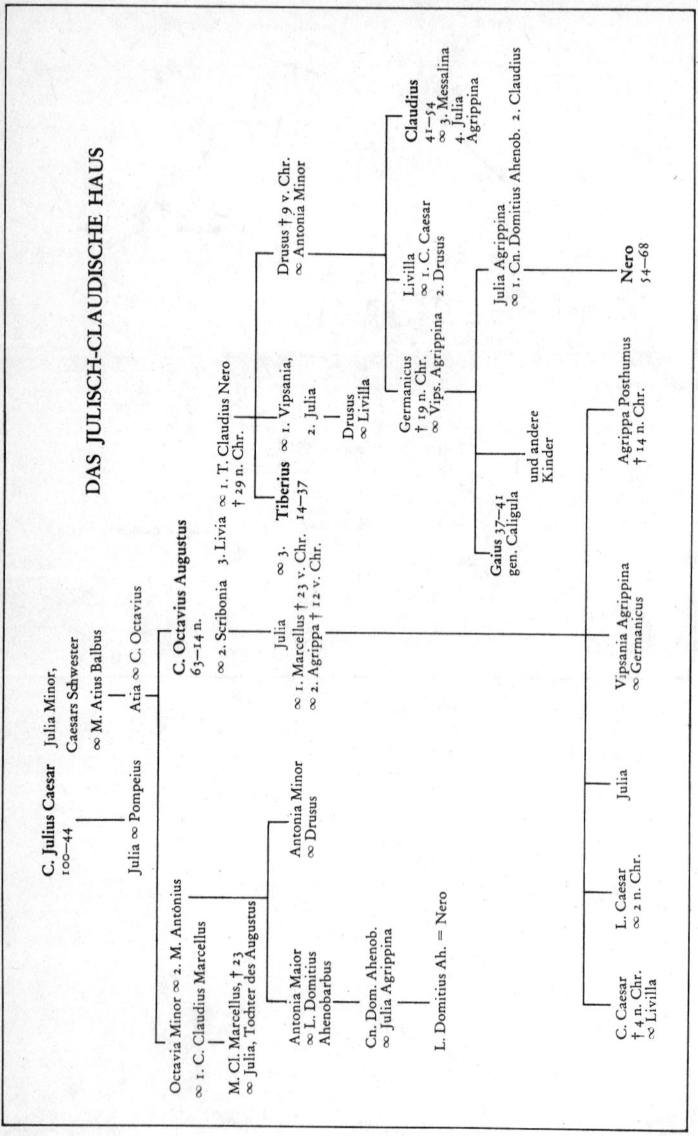

## DIE HERODIER

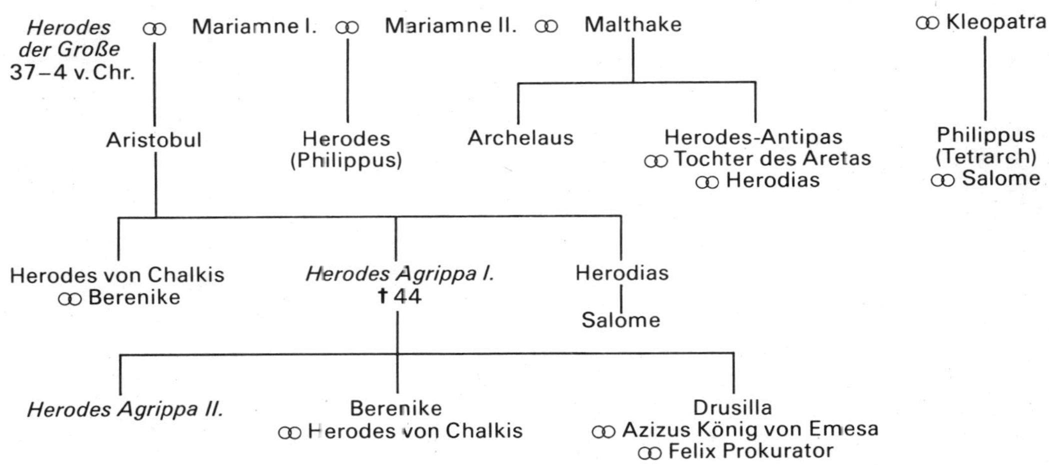

# Synopsis

Johannes
18, 12 u. 13, 19–24
Lukas
22, 66
Markus
14, 55–65
15, 1
Johannes
18, 28–31
Lukas
23, 2
Johannes
18, 33–38
Lukas
23, 4–17
Markus
15, 11
Lukas
23, 18–23

Matthäus
27, 24 u. 25
Lukas
23, 24 u. 25
Johannes
19, 1
Matthäus
27, 27–30
Johannes
19, 3–13
Matthäus
27, 19
Johannes
19, 14–22, 31–33, 38
Lukas
23, 39–43

# Literaturverzeichnis

*Quellen:*


Die Romrede des *Aelius Aristides*, hrsg. u. übers. von Richard Klein, Darmstadt 1983

*Bibel-Ausgaben:*

Die fünf Bücher der Weisung, verdeutscht von Martin Buber gemeinsam mit Franz Rosenzweig, Heidelberg 1987 (Die Schrift, Bd. 1)

Die Schriftwerke, verdeutscht von Martin Buber, Heidelberg 1986 (Die Schrift, Bd. 4)

Die Bibel oder die ganze Heilige Schrift, nach dem 1912 vom Deutschen Evangelischen Kirchenausschuß genehmigten Text, Stuttgart o. J.

Neue Jerusalemer Bibel, hrsg. von Alfons Deissler und Anton Vögtle, Freiburg 1985

Das Neue Testament, übers. u. kommentiert von Ulrich Wilckens, Zürich u. a. $1983_7$

Novum Testamentum Tetraglotton, Archetypum Graecum cum versionibus Vulgata Latina, Germanica Lutheri et Anglica Authentica, Zürich 1981

*Marcus Tullius Cicero*, An seine Freunde, hrsg. von Helmut Kasten, München $1980_3$

*ders.*, Rede über das Gutachten der Opferschauer, in: Marcus Tullius Cicero, Sämtliche Reden, Bd. V, Zürich u. München 1978

*Diogenes Laertius*, Leben und Meinungen berühmter Philosophen, hrsg. von Klaus Reich, Hamburg $1967_2$

*Eusebius von Caesarea*, Kirchengeschichte, hrsg. von Heinrich Kraft, München 1967

*Himmelfahrt Moses*, eingel. u. übers. von Egon Brandenburger, in: Jüdische Schriften aus hellenistisch-römischer Zeit, Bd. V, Lieferung 2, Gütersloh 1976

*Quintus Horatius Flaccus*, Sämtliche Werke, hrsg. von Hans Färber, München u. Zürich $1985_{10}$

*Jesus Sirach*, eingel. u. übers. von Georg Sauer, in: Jüdische Schriften aus hellenistisch-römischer Zeit, Bd. III, Lieferung 5, Gütersloh 1981

*Flavius Josephus*, Jüdische Altertümer, übers. und eingel. von Heinrich Clementz, II. Band, Buch XI–XX, Halle 1900
*ders.*, Der Jüdische Krieg, hrsg. von Otto Michel und Otto Bauernfeind, Bd. I, Buch I–III, Darmstadt $1982_3$
*Titus Livius*, Römische Geschichte, hrsg. von Hans Jürgen Hillen, Buch I–III, München 1987
*Cornelius Nepos*, Kurzbiographien und Fragmente, hrsg. von Hans Färber, München 1952
*Philo von Alexandria*, Die Gesandtschaft an Caligula, in: L. Cohn, I. Heinemann. M. Adler. W. Theiler (Hrsg.), Philo von Alexandria, Die Werke in dt. Übers., Bd. VII, S. 166–266, Berlin 1964
*Philonis Alexandrini* Legatio ad Gaium, hrsg. von E. Mary Smallwood, Leiden 1961
*Plutarch*, On the Fortune of the Romans, in: Plutarch's Moralia, Bd. IV, S. 319–377, London u. a. 1936, ins Engl. übers. von Frank C. Babbitt.
*ders.*, Große Griechen und Römer, Bd. II, eingel. u. übers. von Konrat Ziegler, Zürich u. München $1979_2$
*Sanhedrin*, Gerichtshof, übers. von Gerd A. Wewers, Übersetzung des Talmud Yerushalmi, Bd. IV/4, Tübingen 1981
*Sextus Empiricus*, Grundriß der pyrrhonischen Skepsis, eingel. u. übers. von Malte Hossenfelder, Frankfurt/M. 1985
*Gaius Suetonius Tranquillus*, Leben der Cäsaren, hrsg. u. übers. von Andre Lambert, München $1983_4$
*P. Cornelius Tacitus*, Annalen, hrsg. von Erich Heller, Zürich u. München 1982
*ders.*, Historien, hrsg. von Joseph Borst, München u. Zürich $1984_5$
*Publius Vergilius Maro*, Aeneis, hrsg. u. übers. von Johannes Götte, München u. Zürich $1983_6$

*Sekundärliteratur:*

Augstein, Rudolf; *Jesus Menschensohn*, München u. a. 1972
Bammel, Ernst; Die Blutgerichtsbarkeit in der römischen Provinz Judäa vor dem ersten jüdischen Aufstand, in: *Journal of Jewish Studies, XXV*, 1974, S. 35–49
ders.; Syrian Coinage and Pilate, in: *Journal of Jewish Studies, II*, 1951, S. 108–110

Bender, Hermann; *Rom und römisches Leben im Alterthum*, Tübingen 1879
Ben-Sasson, Haim Hillel (Hrsg.); *Geschichte des jüdischen Volkes*, Band 1, München $1981_2$
Blanck, Horst; *Einführung in das Privatleben der Griechen und Römer*, Darmstadt 1976
Bleicken, Jochen; *Verfassungs- und Sozialgeschichte des Römischen Kaiserreiches*, Band 1 u. 2, Paderborn 1978
Blinzler, Josef; Die Niedermetzelung von Galiläern durch Pilatus, in: *Novum Testamentum, II*, 1957, S. 24–49
ders.; *Der Prozeß Jesu*, Regensburg $1969_4$
Christ, Karl; *Geschichte der römischen Kaiserzeit*, München 1988
Cohen, David/Paulus, Christoph; Einige Bemerkungen zum Prozeß Jesu bei den Synoptikern, in: *Zeitschrift der Savigny-Stiftung für Rechtsgeschichte, CXV*, 1985, S. 437–452
Cohn, Haim H.; *The Trial and Death of Jesus*, New York 1977
ders.; Überlegungen zum Prozeß und Tod Jesu, in: *Bilder sind nicht verboten*, Ausstellungskatalog der Städtischen Kunsthalle Düsseldorf, 1982, S. 22–47
Crown, Alan D. (Hrsg.); *The Samaritans*, Tübingen 1988
Dahlheim, Werner; *Geschichte der Römischen Kaiserzeit*, München 1984
Doyle, A. D.; Pilate's career and the date of Crucifixion, in: *Journal of Theological Studies, XLII*, 1941, S. 190–193
Egger, Rudolf; Das Praetorium als Amtssitz und Quartier römischer Spitzenfunktionäre, in: *Sitzungsberichte der Österreichischen Akademie der Wissenschaften, Phil.-Hist.* Klasse, 250. Band, 4. Abh., 1966
Eybers, I. H.; The Roman Administration of Judea between A. D. 6 and 41, with special reference to the procuratorship of Pontius Pilate, in: *Theologia Evangelica*, 1969, S. 131–146
France, Anatole; Der Statthalter von Judäa, in: *Der Rabe 1*, 1982, S. 156–171
Fricke, Weddig; *Standrechtlich gekreuzigt. Person und Prozeß des Jesus aus Galiläa*, Buchschlag 1986
Frova, Antonio; L'Iscrizione di Ponzia Pilato a Cesarea, in: *Rendiconti Istituto Lombardo, 95*, 1961, S. 419–434
Fuchs, Ernst; *Zur Frage nach dem historischen Jesus*, Tübingen 1960

Grant, Michael; *Jesus. Leben und Welt des Jesus von Nazareth*, Bergisch-Gladbach 1981
ders.; *The Jews in the Roman World*, London 1973
Grimal, Pierre (Hrsg.); *Der Aufbau des Römischen Reiches. Die Mittelmeerwelt im Altertum III*, FWG Bd. 7, Frankfurt/M. 1966
Hedley, P. L.; Pilate's Arrival in Judaea, in: *Journal of Theological Studies XXXV*, 1934 S. 56–57
Hennig, Dieter; *L. Aelius Seianus. Untersuchungen zur Regierung des Tiberius*, München 1975
Hoehner, Harold W.; *Herod Antipas*, Cambridge 1972
Iber, Gerhard (Hrsg.); *Neues Testament. Einführungen, Texte, Kommentare*, München $1984_3$
Jeremias, Joachim; *Jerusalem zur Zeit Jesu*, Berlin $1958_2$
Kasher, Aryeh; *Jews, Idumaeans, and Ancient Arabs. Relations of the Jews in Eretz-Israel with the Nations of the Frontier and the Desert during the Hellenistic and Roman Era*, Tübingen 1988
Kautsky, Karl; *Der Ursprung des Christentums*, Stuttgart $1921_{11}$
Kienast, Dietmar; *Augustus. Prinzeps und Monarch*, Darmstadt 1982
Klausner, Joseph; *Jesus von Nazareth. Seine Zeit, sein Leben und seine Lehre*, Jerusalem $1952_3$
Koch, Werner; *Der Prozeß Jesu. Versuch eines Tatsachenberichts*, Frankfurt/M. 1987
Kraeling, Carl H.; The Episode of the Roman Standards at Jerusalem, in: *Harvard Theological Review, XXXV*, 1942, S. 263–289
Kraft, Heinrich; *Die Entstehung des Christentums*, Darmstadt $1981_2$
Lapide, Pinchas; *Wer war schuld an Jesu Tod*, Gütersloh 1987
Lemonon, Jean-Pierre; *Pilate et le Gouvernement de la Judée. Textes et Monuments*, Paris 1981
Lundgreen, Fr.; Das palästinensische Heerwesen in der neutestamentlichen Zeit, in: *Palästinajahrbuch, XVII*, 1921/1922 S. 46–63
Macdonald, John; *The Theology of the Samaritans*, London 1964
Maier, Johann; *Grundzüge der Geschichte des Judentums im Altertum*, Darmstadt 1981
ders.; *Jesus von Nazareth in der talmudischen Überlieferung*, Darmstadt 1978
Maier, Paul L.; The Episode of Golden Roman Shields at Jerusalem, in: *Harvard Theological Review, LXII*, 1969, S. 109–121

ders.; The fate of Pontius Pilate, in: *Hermes*, Bd. 99, 1971, S. 362–371
ders.; *Pilatus. Roman nach Dokumenten*, Wuppertal 1982
ders.; Sejanus, Pilate, and the date of Crucifixion, in: *Church History, XXXVII*, 1968, S. 3–13
Marquardt, Joachim; *Das Privatleben der Römer*, Bd. 1 u. 2, Darmstadt 1980
Mazar, A.; The Aqueducts of Jerusalem, in: Yigael Yadin (Hrsg.); *Jerusalem Revealed, Archaeology in the Holy City 1960–1974*, New Haven u. London 1976, S. 79–84
Mendelssohn, Harald von; *Jesus – Rebell oder Erlöser. Die Geschichte des frühen Christentums*, München 1987
Merkel, Johannes; Die Begnadigung am Passahfeste, in: *Zeitschrift für die Neutestamentliche Wissenschaft, VI*, 1905, S. 293 bis 316
Moeller, Bernd; *Geschichte des Christentums in Grundzügen*, Göttingen $1983_3$
Mommsen, Theodor; Die Pilatus-Acten, in: *Zeitschrift für die Neutestamentliche Wissenschaft, III*, 1902, S. 198–205
Müller, Gustav Adolf; *Pontius Pilatus, der fünfte Prokurator von Judäa*, Stuttgart 1888
Orth, Wolfgang; *Die Provinzialpolitik des Tiberius*, München 1970 (Diss.)
Perowne, Stewart; *Herodier, Römer und Juden*, Stuttgart 1958
Peter, Hermann; Pontius Pilatus, der römische Landpfleger in Judäa, in: *Neue Jahrbücher, I*, 1907, S. 1–40
Poliakov, Léon; *Geschichte des Antisemitismus*, Band 1, Worms $1979_2$
Ringgren, Helmer; *Israelitische Religion*, Stuttgart 1963
Safrai, S. / Stern, M. / Flusser D.; *The Jewish People in the First Century*, Band I/1 u. I/2, Assen 1974 u. 1976
Schippmann, Klaus; *Grundzüge der parthischen Geschichte*, Darmstadt 1980
Schürer, Emil; *Geschichte des jüdischen Volkes im Zeitalter Jesu Christi*, 3 Bde., Leipzig 1901–1909
Smallwood, Edith Mary; The Date of the Dismissal of Pontius Pilate from Judaea, in: *Journal of Jewish Studies, V*, 1954, S.12–21
dies.; *The Jews under Roman Rule*, Leiden 1976
dies.; Some Notes on the Jews under Tiberius, in: *Latomus, XV*, 1956, S. 314–329

Stauffer, Ethelbert; Zur Münzprägung und Judenpolitik des Pontius Pilatus, in: *La Nouvelle Clio, I u. II*, 1949–50, S. 495–514
Stein, Arthur; *Die Präfekten von Ägypten in der römischen Kaiserzeit*, Bern 1950
Stemberger, Günter; *Die römische Herrschaft im Urteil der Juden*, Darmstadt 1983
Stenger, Werner; *„Gebt dem Kaiser, was des Kaisers ist...!" Eine sozialgeschichtliche Untersuchung zur Besteuerung Palästinas in neutestamentlicher Zeit*, Frankfurt/M. 1988
Sullivan, Richard D.; The Dynasty of Judaea in the First Century, in: *ANRW, II*, 8, Berlin u. New York 1977, S. 296–354
Veyne, Paul; *Brot und Spiele. Gesellschaftliche Macht und politische Herrschaft in der Antike*, Frankfurt/M. 1988
Volkmann, Hans; Die Pilatusinschrift von Caesarea Maritima, in: *Gymnasium, 75*, 1968, S. 124–135
Weber, Ekkehard; Zur Inschrift des Pontius Pilatus, in: *Bonner Jahrbücher, 171*, 1971, S. 194–200
Wilkinson, John; Ancient Jerusalem: Its Water Supply and Population, in: *Palestine Exploration Quarterly, CVI*, 1974, S. 33–51
Winter, Paul; *On the Trial of Jesus*, Berlin 1961
ders.; The Trial of Jesus and the Competence of the Sanhedrin, in: *New Testament Studies, X*, 1963–64, S. 494–499
Wolski, Józef; Iran und Rom. Versuch einer historischen Wertung der gegenseitigen Beziehungen, in: *ANRW, II*, 9.1, Berlin u. New York 1976, S. 195–214
Zahrnt, Heinz; *Jesus aus Nazareth. Ein Leben*, München $1987_2$

*Karten- und Stammtafelnachweise*

*Karte* Seite 135 Jutta Winter
Seite 136 und 137 aus: *Neue Jerusalemer Bibel*,
© Katholische Bibelanstalt GmbH,
Stuttgart 1980

*Stammtafel* Seite 138 aus: Johannes Hartmann,
*Das Geschichtsbuch*
© Fischer Bücherei GmbH, Frankfurt/M
1955, 1966
© Fischer Taschenbuch Verlag GmbH,
Frankfurt/M 1972, 1976, 1979
Seite 139 Jutta Winter

# Biographien

## Brigitte Hamann
## Bertha von Suttner

Ein Leben für den Frieden
552 Seiten mit 29 Faksimiles im Text
und 23 Fotos auf Tafeln. Leinen

»Brigitte Hamann ist es gelungen, ein Zeitbild zu malen, in dessen Mittelpunkt die eindrucksvolle Gestalt der Bertha von Suttner steht. Sie stützt sich auf Material – Briefe, Schriften, Tagebücher –, das in Genf, Wien, Jerusalem und Tiflis liegt. Die Aktualität dieser Biographie ist unbestreitbar: die Konflikte, die die Friedensbewegung vor fast hundert Jahren zu lösen versuchte, sind bis heute noch eine bedrohliche Gefahr.«
Frankfurter Allgemeine Zeitung

Von der Autorin ist außerdem lieferbar:

## Elisabeth

Kaiserin wider Willen
660 Seiten mit 57 Fotos.
Serie Piper 990

## Rudolf

Kronprinz und Rebell
536 Seiten mit 16 Tafeln.
Serie Piper 800

## Johannes Hösle
## Molière

Sein Leben, sein Werk, seine Zeit
404 Seiten mit 32 Abbildungen auf Tafeln.
Leinen

# Serie Piper aktuell

Franz Alt
Frieden ist möglich
Die Politik der Bergpredigt. 119 Seiten. Serie Piper 284

Klaus von Bismarck / Günter Gaus /
Alexander Kluge / Ferdinand Sieger
Industrialisierung des Bewußtseins
Eine kritische Auseinandersetzung mit den »neuen« Medien
227 Seiten. Serie Piper 473

Ulf Fink (Hrsg.)
Der neue Generationenvertrag
Die Zukunft der sozialen Dienste
183 Seiten. Serie Piper 919

Die gespeicherte Sonne
Wasserstoff als Lösung des Energie- und Umweltproblems. Hrsg. von Hermann Scheer. Mit Beiträgen von Wilfrid Bach, Reinhard Dahlberg, Joachim Gretz, Henry Kalb, Konstantin Ledjeff, Harry Muuß, Joachim Nitsch, Rolf Povel, Hermann Scheer, Helmut Tributsch, Werner Vogel und und Hartmut Wendt.
301 Seiten mit 52 Abbildungen. Serie Piper 828

Hildegard Hamm-Brücher
Der Politiker und sein Gewissen
Eine Streitschrift für mehr parlamentarische Demokratie
174 Seiten. Serie Piper 437

»Historikerstreit«
Die Dokumentation der Kontroverse um die Einzigartigkeit der nationalsozialistischen Judenvernichtung
Texte von Rudolf Augstein, Karl Dietrich Bracher, Martin Broszat, Micha Brumlik, Walter Euchner, Joachim Fest, Helmut Fleischer, Imanuel Geiss, Jürgen Habermas, Hanno Helbling, Klaus Hildebrand, Andreas Hillgruber, Eberhard Jäckel, Jürgen Kocka, Robert Leicht, Richard Löwenthal, Christian Meier, Horst Möller, Hans Mommsen, Wolfgang J. Mommsen, Thomas Nipperdey, Ernst Nolte, Joachim Perels, Hagen Schulze, Kurt Sontheimer, Michael Stürmer, Heinrich August Winkler.
397 Seiten. Serie Piper 816

# Serie Piper aktuell

# Serie Piper aktuell

Christian Schmidt-Häuer
Michail Gorbatschow
Moskau im Aufbruch
Mit einem Essay »Vom Soll und Haben des neuen Mannes: Etappen und Chancen einer Wirtschaftsreform« von Maria Huber.
367 Seiten. Serie Piper 467

Christian Schmidt-Häuer / Maria Huber
Rußlands zweite Revolution
Chancen und Risiken der Reformpolitik Gorbatschows
208 Seiten. Serie Piper 832

Wolfgang Seiffert
Das ganze Deutschland
Perspektiven der Wiedervereinigung. 377 Seiten. Serie Piper 683

Michael Stürmer
Deutsche Fragen oder Die Suche nach der Staatsräson
Historisch-politische Kolumnen. 211 Seiten. Serie Piper 957

Anders Wijkman / Lloyd Timberlake
Die Rache der Schöpfung
Naturkatastrophen: Verhängnis oder Menschenwerk?
Aus dem Englischen von Christiane Spelsberg und Roger Willemsen.
234 Seiten mit 39 Abbildungen. Serie Piper 551

Michael Wolffsohn
Ewige Schuld
40 Jahre deutsch-jüdisch-israelische Beziehungen
187 Seiten. Serie Piper 985